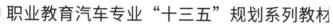职业教育汽车专业"十三五"规划系列教材

QICHE DIANQI SHEBEI GUZHANG ZHENDUAN YU PAICHU

# 汽车电气设备故障诊断与排除

>>>>>>>>>>>>>>>>

主 编 马 伟 王正旭

重庆大学出版社

## 内容提要

本书是职业教育汽车专业"十三五"规划系列教材之一,结合职业教育汽车检测与维修专业特点而编写。本书共 7 个任务,主要包括汽车启动系统的故障诊断与排除、汽车充电系统的故障诊断与排除、汽车灯光系统的故障诊断与排除、汽车雨刮系统的故障诊断与排除、汽车电动车窗系统的故障诊断与排除、汽车中控门锁系统的故障诊断与排除、汽车电动后视镜系统的故障诊断与排除等内容。

本书适用于全国职业院校和技工学校,也可作为高等教育学校汽车专业的实训教材。

**图书在版编目(CIP)数据**

汽车电气设备故障诊断与排除/马伟,王正旭主编
. -- 重庆:重庆大学出版社,2020.3
职业教育汽车专业"十三五"规划系列教材
ISBN 978-7-5689-1677-6

Ⅰ.①汽… Ⅱ.①马… ②王… Ⅲ.①汽车—电气设备—故障诊断—职业教育—教材 ②汽车—电气设备—故障修复—职业教育—教材 Ⅳ.①U472.41

中国版本图书馆 CIP 数据核字(2019)第 150657 号

职业教育汽车专业"十三五"规划系列教材

**汽车电气设备故障诊断与排除**

主　编　马　伟　王正旭
策划编辑:杨　漫
责任编辑:姜　凤　　版式设计:杨　漫
责任校对:关德强　　责任印制:赵　晟

\*

重庆大学出版社出版发行
出版人:饶帮华
社址:重庆市沙坪坝区大学城西路 21 号
邮编:401331
电话:(023)88617190　88617185(中小学)
传真:(023)88617186　88617166
网址:http://www.cqup.com.cn
邮箱:fxk@cqup.com.cn(营销中心)
全国新华书店经销
重庆市正前方彩色印刷有限公司印刷

\*

开本:787mm×1092mm　1/16　印张:10.75　字数:263千
2020 年 3 月第 1 版　2020 年 3 月第 1 次印刷
ISBN 978-7-5689-1677-6　定价:39.00 元

# PREFACE 前 言

本书在习近平新时代中国特色社会主义思想指导下,落实学科建设新要求,以提高技工院校一体化教学效果为出发点,结合一体化教学理念,以及技工院校学生的特点编写而成。本书的章节安排符合循序渐进的特点,让学生从查找汽车维修手册入手学习汽车电器系统的电路图,然后根据电路图对汽车电器设备的线路进行检测,并通过具体的汽车维修故障案例来加以引导,从而提高学生对汽车电器系统故障的诊断能力。

本书涵盖了汽车电器维修的主要内容,包括汽车启动系统的故障诊断与排除、汽车充电系统的故障诊断与排除、汽车灯光系统的故障诊断与排除、汽车雨刮系统的故障诊断与排除、汽车电动车窗系统的故障诊断与排除、汽车中控门锁系统的故障诊断与排除、汽车电动后视镜系统的故障诊断与排除。本书的侧重点主要是培养学生学习汽车电器系统电路图的识读能力和汽车电器线路的排查能力,同时通过汽车故障案例分析来培养学生针对不同的故障现象实施不同的诊断思路和方法的能力。

任务一、任务二由马伟、杨淼梁、潘婷婷编写;任务三、任务四由马伟、杨旭、李博成编写;任务五、任务六由王正旭、李胜坚、马伟编写;任务七由马伟、王正旭编写。

在编写过程中,参考了大量的文献资料,在此,向这些作者表示诚挚的谢意。

由于编者水平有限,书中疏漏之处在所难免。恳请广大读者提出宝贵的意见和建议,以便在修订时更好地完善。

编 者

2018 年 4 月

CONTENTS 目 录

# 任务一 | 汽车启动系统的故障诊断与排除

### 任务目标

- 能正确操作点火开关,检查汽车是否能正常启动;
- 通过查阅维修手册,能找出汽车启动系统各零部件的具体位置;
- 通过查阅维修手册,能对汽车启动系统各零部件或总成进行检查;
- 能规范实施汽车启动系统各零部件或总成拆装与更换;
- 能检修汽车启动系统的线路;
- 能对汽车启动系统进行竣工检查,确认故障是否排除。

# 活动一 汽车启动系统电路图识读

## 【情景引入】

维修前台接到客户张先生电话,反映汽车启动系统出现故障,发动机不能正常启动。请你查看维修手册,在规定的时间内对汽车启动系统进行检查,找出故障点,完成检修后交付班长验收。

### 一、简单汽车启动系统电路图

简单汽车启动系统主要由起动机、蓄电池、点火开关、继电器等组成,如图1-1所示。

1.继电器端子

①ST:输出端子;

②B:电源端子;

③E:搭铁端子;

④SW:启动端子。

2.点火开关

①1:熄火挡(OFF);

②2:附件挡(ACC);

③3:供电挡(ON);

④4:启动挡(ST)。

3.起动机

①30:常电接线柱;

②50:励磁接线柱。

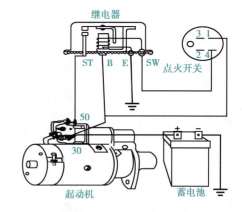

图1-1 简单汽车启动系统

简单汽车启动系统的工作原理:点火开关控制继电器,继电器控制起动机的运转。

(1)当把点火开关打到启动挡时,电流的走向如下:

蓄电池 + → 起动机30接线柱 → 点火开关1挡接线柱→点火开关4挡接线柱→启动继电器SW端子→启动继电器的线圈→启动继电器E端子,此时启动继电器线圈电路接通,产生磁力使得启动继电器内部触点闭合。

(2)启动继电器内部触点闭合,电流的走向如下:

蓄电池 + → 起动机30接线柱→启动继电器B端子→启动继电器内部触点→启动继电器ST端子→起动机50端子→起动机电磁开关线圈→搭铁,此时起动机电磁开关电路接通,产生磁力使得起动机30接线柱和电动机接线柱闭合。

(3)起动机30接线柱和电动机接线柱闭合,电流的走向如下:

蓄电池 + → 起动机30接线柱→起动机电动机接线柱→搭铁,此时起动机电动机电路接通,电动机在蓄电池的强大电流驱动下运转。

## 二、别克凯越汽车启动系统电路图(手动挡)

别克凯越汽车启动系统电路图如图 1-2 所示,其控制原理比较简单,发动机舱的保险丝盒有 2 个 30 A 的保险丝来保护点火开关,当点火开关转动启动挡时,电流从蓄电池正极经过保险丝到达点火开关的启动挡,直接到达起动机的 ST 端子经过起动机内部线圈最后搭铁形成回路;起动机内部线圈得电产生磁力,使得起动机内部的开关闭合,此时蓄电池的大电流通过启动电缆到达起动机的 B+接线柱,到达起动机直流电动机,此时启动马达转动带动发动机转动完成启动。

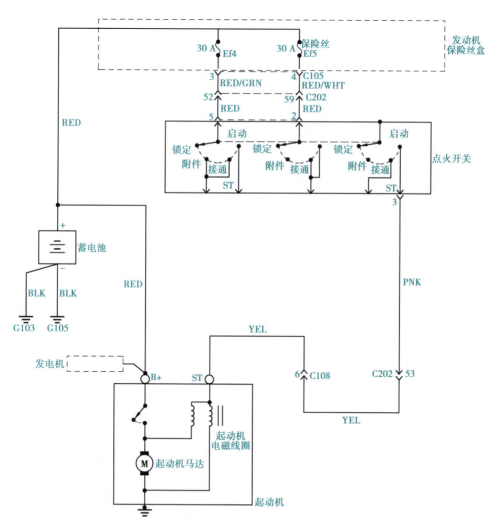

图 1-2　别克凯越汽车启动系统电路图(手动挡)

其中导线上的英文字母代表导线的颜色:

B＝黑色,W＝白色,R＝红色,G＝绿色;

L＝蓝色,Y＝黄色,LG＝浅绿色,BR＝棕色;

OR 或 O ＝橙色，P ＝粉色，PU 或 V（紫）＝紫色；

GY 或 GR ＝灰色，SB ＝天蓝色，CH ＝深棕色，DG ＝深绿色。

当电线有条纹时，则前面给出的是基色，后面给出的是条纹的颜色。

例如：L／W ＝蓝底白色条纹。

### 三、日产轩逸汽车启动系统电路图（自动挡）

自动挡的汽车启动电路和手动挡的汽车启动电路的区别在于多了一个空挡启动开关，如图 1-3 所示。这个空挡启动开关安装在自动变速器上，和变速杆通过拉锁相连。汽车启动时，变速杆的位置必须放在 P 挡或者 N 挡，发动机才能启动。

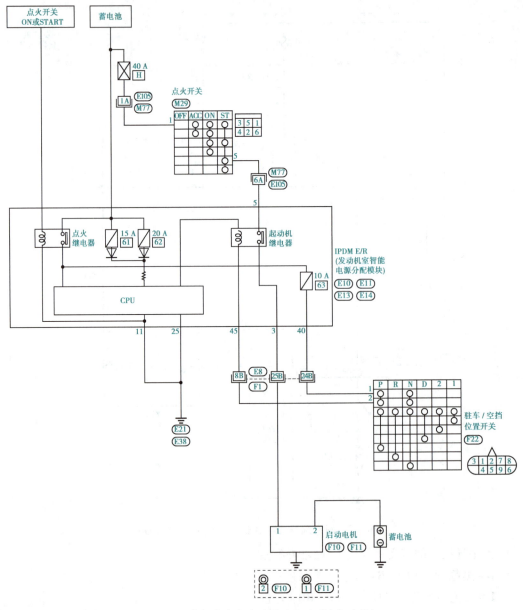

图 1-3　日产轩逸汽车启动系统电路图（自动挡）

启动继电器受发动机电源分配模块的控制,同时还受驻车空挡启动开关的控制。

## 【拓展学习】

### 一、一键启动点火开关(图1-4)

(1)一键启动点火开关不同于传统的机械钥匙点火方式和传统启动程序,只需轻轻按下一键启动按钮键即可实现启动和熄火,在点火过程中大部分需要踩制动踏板。一键启动点火开关避免了找钥匙的烦恼。

(2)多重启动模式——全智能感应启动(遥控器在感应范围内,踩下制动踏板,按下启动键),遥控器无电启动(将遥控器靠近贴在玻璃上的感应线圈,可解锁,正常启动),远程式遥控启动(在防盗状态下,长按静音键,遥控启动,点火后,15 min 内无操作,自动熄火)。

(3)启动按钮程序全程芯片控制转换,性能稳定可靠,模拟原车钥匙启动模式 OFF—ACC—ON—START—ON—OFF;正常实现每个功能。

### 二、自动挡汽车换挡手柄

一般自动挡汽车变速箱有 P,R,N,D,3,2,1 几个挡位,如图1-5所示。

图1-4 一键启动点火开关

图1-5 自动变速器换挡杆

P:停车挡。汽车在停车时,选挡杆必需置入 P 位。

R:倒车挡。

N:空挡。N 位相当于空挡,可在启动时或在拖车时使用。

D:前进挡。正常行驶时将选挡杆放在 D 位,汽车可在 1~3 或 4、5 挡之间自动换挡。D 挡是最常用挡位。

3:同样是前进挡。这个挡位下变速箱在 1~3 挡自动切换,不会升入 4、5 两挡。2 是 1 或 2 挡,此挡用于湿滑路面起步,或者慢速前进时作为限制挡使用;1 是 1 挡,此挡时,变速箱就在 1 挡。有的汽车设有 S 或 L 挡位。

S:运动模式。在这个挡位下变速箱可以自由换挡,但是换挡时会延迟,使发动机在高转速上保持较长时间,加大车辆动力。

L:低挡位。这个挡位时变速箱会保持在 1 挡而不升挡,可以在坡道等情况下使用。在下坡时也有一定的制动功能。有的汽车设有 D2 挡,称为低速前进挡,用于路面不平坦或越野。有的变速箱上还有一个雪花按键或 O/D OFF 按键等。

　　雪花按键:用于湿滑路面起步,按下此键时车辆将不从 1 挡起步,而从 2 挡起步,以减少扭力输出,避免车辆在湿滑路面上起步时打滑,如图 1-6 所示。

　　O/D OFF 按键:最高挡禁止,有这个按键的车辆往往就没有 D3 了,因为按下此键最高挡位(4 速变速箱)4 挡就已经被禁止使用了,其作用等同于 D3,如图 1-7 所示。

图 1-6　驾驶模式　　　　　　　　图 1-7　超车挡关闭指示灯

【课堂作业】

　　1.按照以下提示学会查找维修手册。

　　按照图 1-8 至图 1-11 的顺序打开电子版日产天籁维修手册,查找启动系统电路图。

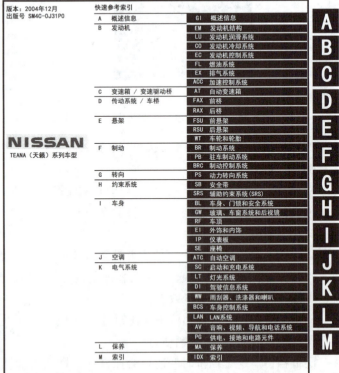

图 1-8　日产天籁维修手册　　　　　　　图 1-9　日产天籁维修手册目录

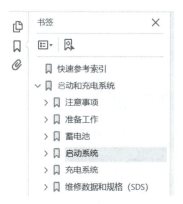

图 1-10　日产天籁维修手册书签

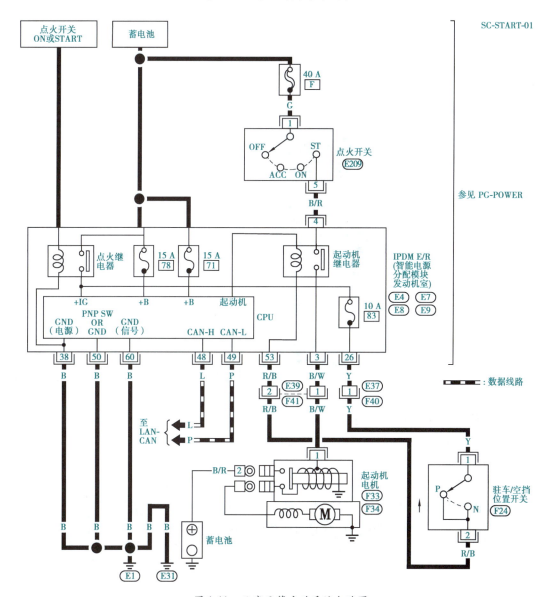

图 1-11　日产天籁启动系统电路图

2.根据实训车辆,查找启动系统零部件的位置。

| 检测项目 | 图　例 | 位置描述 |
|---|---|---|
| 点火开关 | 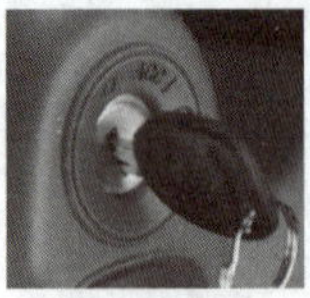 | |
| 启动继电器 |  | |
| 起动机 | 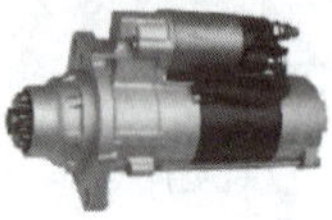 | |
| 蓄电池 |  | |
| 启动系统保险丝 |  | |
| 空挡启动开关 |  | |

3.查找相关内容,回答以下问题。

(1)一键启动点火开关与普通点火开关的区别是什么?

_____

(2)自动挡汽车启动时换挡杆应放在什么位置?

　　□P □R □N □D

(3)一键启动汽车完成正常启动时对制动踏板有哪些要求?

_____

# / 活动二 / 汽车启动系统线路检修

## 一、汽车启动系统保险丝的检查

**1. 插片式保险丝的分类**

插片式保险丝可分为超小号汽车保险丝、小号汽车保险丝、中号汽车保险丝和大号汽车保险丝,如图 1-12 所示。

**2. 保险丝的更换**

汽车在使用过程中,若有电器设备不工作,则可能是保险丝烧毁导致,需及时更换。其更换方法为:先关闭点火开关,打开保险丝盒盖;再更换保险丝。更换注意事项如下:

①需按照保险丝盒盖上注明的额定电流值更换保险丝,不要改用比额定电流高的保险丝。

②如果新保险丝立刻熔断,则说明电路系统可能存在故障,应尽快检修。

图 1-12　插片式保险丝

③在情况紧急且没有备用保险丝时,可用其他设备上的保险丝代替。

④如果不能找到具有相同电流负荷的保险丝,则可采用比原保险丝额定电流低的保险丝代替。

**3. 保险丝的检查与更换**

主要检查保险丝是否熔断,是否松动以及插脚是否氧化。如果保险丝损坏,请使用保险丝拆卸专用工具来完成更换。保险丝的检查方法,见表 1-1。

表 1-1　保险丝的检查方法

| 检查项目 | 检查方法 |
| --- | --- |
| 保险丝带电检查 | 使用试电笔检查保险丝外部的两个插脚,如果一个插脚有电,另一个插脚没电时,则说明保险丝烧断 |
| | 使用万用表直流电压 20 V 电压挡检查保险丝外部的两个插脚,如果一个插脚有电,另一个插脚没电时,则说明保险丝烧断 |
| 保险丝断电检查 | 拔下保险丝后,检查保险丝两个插脚的导通性,如果不导通,说明保险丝损坏,需要更换 |

### 二、汽车启动继电器的检查

**1.汽车四脚继电器**

这种四脚继电器的特点是 4 个插脚的布置为两横两竖。两横是指这两个插脚之间是继电器的开关;两竖是指这两个插脚之间是继电器的线圈,如图 1-13 所示。

**2.汽车五脚继电器**

汽车五脚继电器是一个复合继电器,里面既有常闭触点也有常开触点,通电时常闭触点断开,常开触点闭合,如图 1-14 所示,继电器内部开关由实线转为虚线。

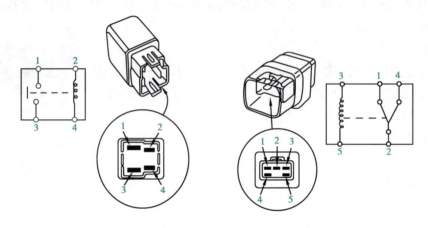

图 1-13  四脚继电器              图 1-14  五脚继电器

**3.汽车继电器的检查**

汽车继电器的检查,主要检查继电器内部线圈是否烧断、内部触点是否能够导通以及触点烧蚀粘接打不开等问题,见表 1-2。

表 1-2  汽车继电器的检查

| 检查项目 | 检查方法 |
|---|---|
| 四脚继电器的检查 | 断电时检查线圈的电阻,如果显示开路,说明继电器已经损坏,需要更换 |
| | 给继电器的线圈通上 12 V 的直流电,测量两触点是否导通,不导通需更换继电器 |
| 五脚继电器的检查 | 断电时检查常闭触点是否导通,如果不导通,说明继电器已经损坏,需要更换 |
| | 给继电器的线圈通上 12 V 的直流电,测量常开触点是否导通,如果不导通,说明继电器损坏,需要更换 |

### 三、汽车空挡启动开关的检查

**1.汽车空挡启动开关的结构**

汽车空挡启动开关的结构以日产天籁车型为例,如图 1-15 所示。

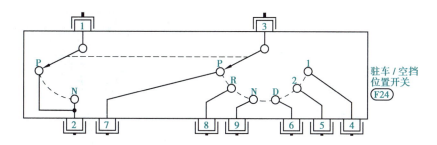

图 1-15 汽车空挡启动开关的结构

**2.汽车空挡启动开关的检查**

汽车空挡启动开关的检查以日产天籁车型为例,见表 1-3。

表 1-3 汽车空挡启动开关的检查

| 导通性检查 | | 标准 |
|---|---|---|
| 变速杆处于 P/N 挡 | 1 号和 2 号端子 | <1 Ω |
| 变速杆处于 R 挡 | 3 号和 8 号端子 | <1 Ω |
| 变速杆处于 D 挡 | 3 号和 6 号端子 | <1 Ω |
| 变速杆处于 2 挡 | 3 号和 5 号端子 | <1 Ω |
| 变速杆处于 1 挡 | 3 号和 4 号端子 | <1 Ω |
| 变速杆处于 P 挡 | 3 号和 7 号端子 | <1 Ω |

### 四、汽车启动系统线路的检查

**1.汽车起动机接触情况检查**

该检查重点检查汽车起动机接线柱和电插头是否松动,如存在接触不良的情况,应紧固处理。

**2.汽车启动时起动机励磁端子电压的检测**

该检测需要两人配合完成,首先拔出起动机的励磁端子电插头,一人在车内将点火开关打到启动挡,另一人测量起动机励磁端子的电压,该电压应为蓄电池电压;否则,说明汽车启动系统的线路存在短路或断路故障。

### 【拓展学习】

#### 一、汽车专用试电笔

汽车专用试电笔的规格是直流 12~24 V,如图 1-16 所示。汽车专用试电笔只能做直流电 24 V 以下的电路检测,使用的方法是:电笔的夹子在检测时首先要搭铁,电笔的笔尖去接触电路中的检测点,如果电笔亮说明此处有电,如图 1-17 所示。

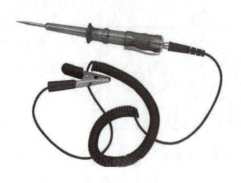

图 1-16　汽车专用试电笔　　　　　图 1-17　汽车专用试电笔的使用方法

## 二、汽车试灯

汽车试灯分为 LED 试灯和 21 W 试灯两种。

### 1.LED 试灯

LED 试灯属发光二极管,电流小,一般只需 3 V 左右的电压,适合信号电路,如汽车发动机的喷油器喷油信号的检测,如图 1-18 所示。

### 2.21 W 试灯

21 W 试灯适合测试汽车用电器供电端子是否是虚电,如汽车发动机油泵线路,如图1-19所示。

图 1-18　LED 试灯　　　　图 1-19　21 W 试灯

【课堂作业】

1.查找相关内容,回答以下问题。

(1)选出汽车常用保险丝的规格。

□5 A □10 A □15 A □20 A □25 A □30 A □40 A □50 A □60 A

(2)10 A 保险丝损坏后应更换什么规格的保险丝?

□10 A □15 A □20 A

(3)选出汽车保险丝各颜色代表的含义。

红色□10 A □15 A □20 A　　　　　蓝色□10 A □15 A □20 A

黄色□10 A □15 A □20 A　　　　　橙色□10 A □15 A □20 A

(4)简述汽车四脚继电器 DC 12 V 80 A 表示的含义。

2.根据实训车辆,查找启动系统零部件的位置并进行检查,将检查结果填入下表中。

| 检查项目 | 检测数据记录 | |
|---|---|---|
| 启动系统保险丝的检查 | 规格 | |
| | 好坏检查 | |
| | 检查意见 | |
| 继电器的检查 | 继电器线圈电阻测量 | |
| | 画出启动继电器通电试验接线图 | |
| 汽车空挡启动开关 | P 挡启动开关导通性检查 | |
| | N 挡启动开关导通性检查 | |
| 起动机励磁端子电压的检测(使用数字式万用表) | | |
| 使用试灯检查起动机常电接线柱供电是否正常 | | |
| 使用试电笔检查起动机常电接线柱供电是否正常 | | |
| 汽车空挡启动开关的供电电压的检测(使用数字式万用表) | | |
| 汽车空挡启动开关的P/N挡位导通性的检查(使用数字式万用表) | | |

3.使用试电笔就车检查保险丝的好坏,将结果填入下表中。

| 保险丝名称 | 好坏判断 |
|---|---|
| | |
| | |

4.使用试灯检查汽车起动机励磁端子供电是否正常,将结果填入下表中。

| 起动机励磁端子供电的检查 | 试灯状态 | 线路分析 |
|---|---|---|
| 检测时点火开关的状态 | | |

# / 活动三 / 汽车起动机检测与更换

## 一、汽车起动机整体拆装

汽车起动机整体拆装步骤如图 1-20 所示。

①蓄电池断电。

②拆卸起动机励磁端子电插头。

③拆卸起动机常电接线柱。

④举升汽车。

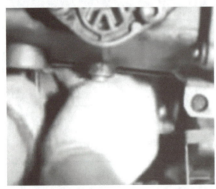

⑤拆卸起动机固定螺丝。

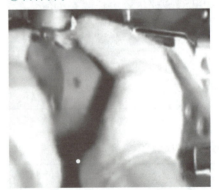

⑥取下起动机。

图 1-20　汽车起动机整体拆装步骤

## 二、汽车起动机的分解

汽车起动机的分解步骤如图 1-21 所示。

①拆卸电磁开关连接线。

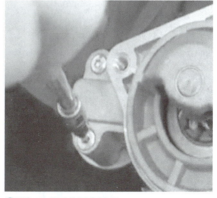

②拆卸电磁开关固定螺丝。

③取下电磁开关。

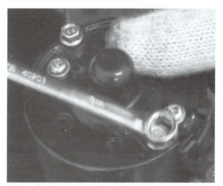

④拆卸电动机固定螺丝。

⑤拆卸电刷架固定螺丝。

⑥拆卸电刷架。

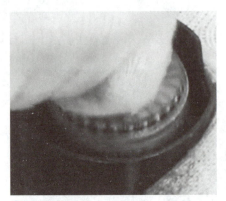

⑦取出转子。

⑧取出定子。

⑨取出单向离合器总成。

⑩取出行星齿轮机构。

图 1-21　汽车起动机的分解步骤

### 三、汽车起动机的检测

在检测汽车起动机时,使用万用表要注意选择合适的挡位。例如,转子导通性检查应使用蜂鸣挡,如图 1-22 所示;转子绝缘性检查应使用欧姆挡(20 kΩ),如图 1-23 所示。

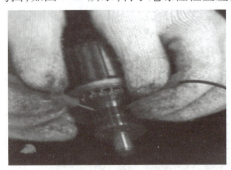

图 1-22　转子导通性检查

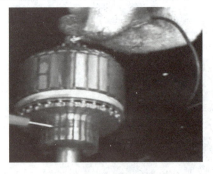

图 1-23　转子绝缘性检查

在检测电磁开关时,主要检测内部吸引线圈和保持线圈的好坏,如图 1-24 所示。

图 1-24 电磁开关的检查

## 【拓展学习】

### 一、起动机装复后的空转试验

将蓄电池的负极接起动机的外壳,蓄电池的正极接起动机的接线柱 30(或 B)上,同时从接线柱 30 引一条引线,当导线触及接线柱 50(或 S)时,起动机应能平稳运转,如图 1-25 所示。

### 二、起动机装复后的吸拉试验

将电池负极分别接在起动机机壳和电机接线柱 M 上、正极接线柱接到 50 接线柱上,小齿轮应能强有力地吸拉出来,如图 1-26 所示。

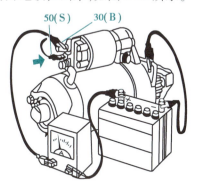
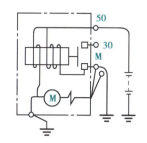

图 1-25 起动机的空转试验 图 1-26 起动机的吸拉试验

### 三、起动机装复后的保持试验

在上述试验正常吸拉出小齿轮的情况下,将电机接线柱 M 上的引线断开,其他不变,若小齿轮能保持在拉出位置,则表明电磁开关保持线圈性能正常,如图 1-27 所示。

### 四、起动机装复后的复位试验

将蓄电池负极接到起动机外壳上、蓄电池正极接到电机 M 接线柱上,接通电路,小齿轮在拉出位置应自动进入原始位置,如图 1-28 所示。

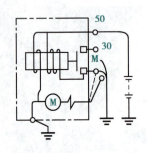

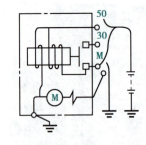

图 1-27　起动机的保持试验　　　图 1-28　起动机装复后的复位试验

## 【课堂作业】

1.结合实训车辆,根据提示填写检查结果。

| 检查项目 | | 检查方法 | 检查结果 |
|---|---|---|---|
| 电磁开关检查 | 保持线圈 | 50 与外壳 | |
| | 吸引线圈 | 50 与 M | |
| | 接触情况 | 30 与 M | |
| 电刷总成 | 电刷长度 | 测量长度 | |
| | 电刷接触情况 | 检查与转子接触的情况 | |
| 定子总成 | 定子线圈 | 检查是否短路、断路 | |
| 转子总成 | 转子线圈 | 导通性检查 | |
| | | 绝缘性检查 | |

2.请列举汽车起动机的保养项目。

（1）_____

（2）_____

3.简述永磁起动机和减速器起动机的特点。

（1）_____

（2）_____

## /活动四/　汽车起动机不工作故障案例分析

### 【案例引入】

　　一位本田雅阁轿车的车主,反映自己的车在车库突然无法启动,经技术人员确定后是起动机不工作导致的。

## 一、汽车起动机不工作的原因分析

分析汽车起动机不工作的可能原因,初步判断故障范围有:

①汽车启动继电器损坏;

②汽车启动系统线路故障;

③汽车蓄电池电量不足;

④汽车启动系统保险丝损坏;

⑤汽车起动机内部故障;

⑥汽车 P/N 启动开关损坏。

根据故障情景,先分析故障产生的原因,原因分析要具备完整性,如果故障原因分析有遗漏点,那么在故障诊断流程中就会缺少这一项,故障很可能就不能被排除。

## 二、撰写汽车起动机不工作诊断流程图,厘清诊断思路

### 1.诊断的逻辑性

先从容易检查的部位着手进行基本检查,然后再检测部件,最后是拆解起动机。基本原则是从易到难,从外到内。

### 2.诊断步骤

(1)基本检查:对汽车启动系统在不使用检测设备和仪器的前提下,通过看、听、摸等方式进行的检查,包括检查电插头是否松动、电池电量是否充足等。

(2)部件测试:对汽车启动系统可疑部件进行检查,可使用各种检测方法,如替换法、动作测试等进行检测。

(3)线路检查:使用万用表、试灯或者汽车专用诊断仪等,检查故障系统线路是否存在短路或者断路。

(4)诊断结果:根据检查的数据判断故障点,并写出处理意见。

### 3.诊断启示

通过图 1-29 的诊断流程图可以得到以下启示:

起动机不工作故障的基本检查包括蓄电池电量的检查、起动机接线柱和电插头接触情况的检查。

(1)蓄电池电量是否充足:可以开启汽车大灯或按汽车电喇叭来判断,如果汽车大灯光线比较昏暗或者汽车电喇叭声音比较沙哑,则说明蓄电池缺电,有可能导致起动机不工作。

(2)起动机的基本检查:如果起动机的常电接线柱松动需要紧固处理;拔下起动机励磁电插头,如果起动机电插头出现生锈的情况,可采用除锈剂来处理。

(3)起动机不工作故障的部件测试:首先拔下起动机励磁电插头,使用螺丝刀短接起动机的常电和励磁接线柱,如果起动机运转,说明起动机本身良好,故障在起动机的外部;如果起动机不工作,说明起动机内部故障,应拆检起动机。

(4)起动机不工作故障的线路检查:起动机的外部线路包括启动系统保险丝、启动继电

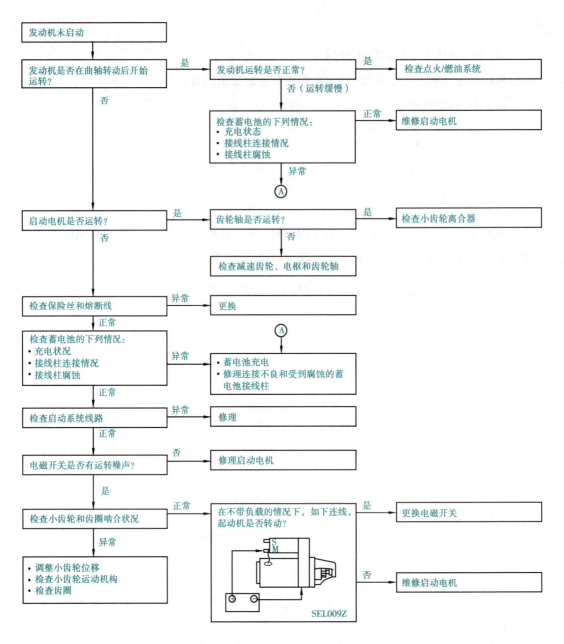

图 1-29　汽车起动机不工作诊断流程

器、空挡启动开关以及连接的线路，应逐一排查，直到找到具体的故障点。

　　（5）起动机不工作故障的诊断结果：找到故障点后要填写维修工单，如起动机损坏要更换相同规格的起动机，启动系统线路出现断路或者短路的故障要更换线束等。

## 【拓展学习】

### 一、蓄电池电量不足导致汽车无法启动的应急救助

（1）施救方法：采用搭电的方法紧急救援。蓄电池电量不足的救援原理就是采用蓄电池并联的方法，使用另一个电量充足的蓄电池来帮助被救援车辆启动，如图1-30所示。

（2）所需工具设备：两条蓄电池电源线（图1-31）和救援汽车。

图 1-30　汽车搭电救援

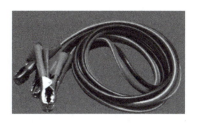
图 1-31　汽车搭电电源线

### 二、一键启动的汽车，遥控器突然没电，汽车无法启动的应急救助

当汽车遥控器突然没电时，由于汽车发动机电脑无法检测到汽车钥匙的存在，一键启动开关是不起作用的。此时可以取出汽车钥匙并贴到一键启动开关上，如果一键启动开关上的指示灯点亮，如图1-32所示，说明发动机电脑已经检测到汽车钥匙的存在，可以正常启动汽车。注意，记得更换汽车遥控器的电池。

图 1-32　汽车应急
启动方法

## 【课堂作业】

根据汽车起动机不工作诊断流程图，对汽车启动系统实施诊断填写过程记录单。

| 学生姓名 | | | 班　级 | |
|---|---|---|---|---|
| 车辆信息 | 车辆型号 | | 里程表/km | |
| | 车辆识别代码（VIN） | | | |
| | 发动机型号 | | | |
| 项　目 | | 作业记录内容 | | 填写检测结果或者数据 |
| ①维修准备 | | 小组分工 | | |
| ②前期准备 | | 维修工具和检测设备的准备 | | |
| ③安全检查 | | 油、水、电的检查 | | |

续表

| 项　目 | 作业记录内容 | 填写检测结果或者数据 |
|---|---|---|
| ④故障现象确认 | 观察和记录汽车仪表盘上的报警灯的状态 | |
| ⑤确定故障范围 | 列举故障产生的原因 | |
| ⑥基本检查 | 对故障系统进行基本的检查 | |
| ⑦部件测试 | 对被怀疑的部件进行部件测试,须注明元件名称/插接件代码、针脚编号和测量结果 | |
| ⑧电路测量 | 对被怀疑的线路进行测量,须注明插件代码和编号、控制单元针脚代号以及测量结果 | |
| ⑨故障部位确认和排除 | 参考维修手册确认故障点 | |
| ⑩维修结果确认 | 竣工检查并填写维修工单 | |
| ⑪现场恢复 | 5S 管理 | |

# /活动五/　汽车起动机运转无力故障案例分析

## 【案例引入】

　　一辆丰田花冠(COROLLA)轿车,使用了近 8 年,行驶里程已达 138 000 km,车主反映每次启动车辆时,都需启动 2~3 次才能点着火。汽车启动时起动机运转无力,经技术人员确定后是启动系统故障导致的。

### 一、分析汽车起动机运转无力的可能原因,初步判断故障范围

①启动系统线路接触不良;

②蓄电池电量不足;

③起动机内部故障;

④汽车电路漏电。

### 二、撰写汽车起动机运转无力诊断流程图,厘清诊断思路

汽车起动机运转无力可能的原因如图 1-33 所示。

图 1-33 汽车起动机运转无力的可能原因

**1.蓄电池故障诊断方法**

使用蓄电池高频放电计来判断蓄电池是否达到使用寿命年限,如果蓄电池测试后不能满足要求则需更换相同规格的蓄电池,如图 1-34 所示。

图 1-34 蓄电池高频放电计

蓄电池高频放电计的使用方法如下:

①将高频放电计的红色夹子夹在蓄电池正极接线柱上,黑色夹子夹在蓄电池负极接线柱上,此时读数显示的是蓄电池空载电压值,通常在 11~13 V 范围内为正常。

②按下高频放电计上的负载按钮,2~3 s 后放松按钮。注意:负载按钮不能按住不放,否则会烧坏仪器。

③高频放电计上的电压显示出蓄电池的存电量状况。

④高频放电计指示区域的含义:

绿色区域说明蓄电池状态良好,端电压高于 9.6 V。

黄色区域说明蓄电池蓄电不足,端电压低于 9.6 V。

红色区域说明蓄电池需要更换,端电压低于 8 V。

**2.起动机故障**

起动机故障主要是起动机内部转子换向器片脏污和电刷磨损导致的。起动机内部转子换向器片脏污可以采用细砂纸打磨光滑,电刷磨损到使用极限要进行更换。

**3.启动电路漏电故障**

启动电路漏电故障主要是检查蓄电池正极与电池头之间的电压降、蓄电池正极到起动机常电接线柱之间的电压降,不能超过规定值,否则要更换蓄电池电缆。图 1-35 为汽车启动时电压降的检查。

图 1-35 汽车启动时电压降的检查

# /活动六/ 考核评价

## 【考核要求】

- 汽车启动系统认知的考核；
- 汽车启动系统故障诊断能力的考核；
- 5S 管理意识的考核；
- 团队合作能力的考核；
- 口头表达能力的考核。

### 一、汽车启动系统应会考核内容和评分标准

| 学习任务名称 | | | 学生姓名和班级 | | | | |
|---|---|---|---|---|---|---|---|
| 评价项目 | 评价内容 | 分值 | 评分标准 | 得分 | 小计分数 | 扣分原因 |
| 专业能力 | 汽车启动系统零部件位置查找 | 5 | 每漏一项扣 1 分 | | | |
| | 汽车启动系统电路图识读 | 5 | 根据回答酌情扣分 | | | |
| | 保险丝、启动继电器的检查 | 5 | 不会检查不得分,检查方法不规范酌情扣分 | | | |
| | 启动线路的检查 | 10 | 检测思路不清晰、检测不规范酌情扣分 | | | |
| | 起动机整体更换 | 5 | 流程不正确每项扣 1 分 | | | |
| | 起动机的分解 | 5 | 每漏一项扣 1 分;操作不规范每项扣 1 分 | | | |
| | 起动机的检查 | 10 | 操作不规范每项扣 1 分 | | | |
| | 蓄电池的检查 | 5 | 每漏一项扣 1 分 | | | |
| | 油、水、电安全检查 | 5 | 每漏一项扣 1 分 | | | |
| | 维修前的工量具准备 | 5 | 每漏一项扣 1 分;操作不规范每项扣 1 分 | | | |

续表

| 评价项目 | 评价内容 | 分值 | 评分标准 | 得分 | 小计分数 | 扣分原因 |
|---|---|---|---|---|---|---|
| 通用能力 | 能读懂任务书,与客户或维修主管进行有效沟通,记录关键内容,整理客户需求 | 5 | 没有沟通扣2分;沟通不到位扣1分;无记录扣2分 | | | |
| | 能查阅相关维修资料,获取汽车起动机不工作故障产生的原因 | 5 | 没有查阅扣3分;查阅方法不对扣2分 | | | |
| | 能从满足客户功能需求、使用价值和企业工作规范、安全性、环保性、成本效益等角度考虑 | 5 | 完全不符合每项扣1分 | | | |
| | 能及时有效地解决维修过程中的突发问题 | 5 | 完全没有解决扣3分;解决不及时扣2分;无突发问题不扣分 | | | |
| | 能对已完成的工作进行记录、存档、评价和反馈 | 5 | 无记录扣2分 | | | |
| | 在维修过程中保持6S、三不落地,完工后对工位进行恢复整理 | 5 | 零件、工具、油水落地每项扣1分;6S整理每漏一项扣1分 | | | |
| | 表述仪态自然、吐字清晰、思路清晰,且与实际相符 | 5 | 仪态不自然、吐字不清、思路不清晰每项扣1分;表述与实际不符扣1分 | | | |
| | 分工明确,团队合作融洽 | 5 | 分工不明确扣2分;团队合作不融洽扣2分 | | | |
| 总　分 | | | | | | |

## 二、汽车启动系统专业知识理论考核

1.选择题

(1)汽车导线的直径为1.0R,其中1.0表示导线的标称直径是1.0(　　)。

　　A.mm$^2$　　　　　　　　　　　　　　B.cm$^2$

(2)汽车导线的直径为2.5R,其中R表示导线的颜色是(　　)。

　　A.蓝色　　　　　　　　　　　　　　B.红色

(3)蓄电池高频放电计检测蓄电池时,指针停留在红色区域说明(　　)。

　　A.良好　　　　　　　　　　　　　　B.需要更换

(4)拆卸汽车蓄电池时,先拆(　　)电池头。

  A.正极          B.负极

2.判断题

(1)汽车保险丝用不同的颜色代表不同的安培数。　　　　　　　　　(　　)

(2)汽车保险丝5 A咖啡色、10 A红色、15 A蓝色、20 A黄色、25 A无色透明、30 A绿色和40 A深橘色。　　　　　　　　　　　　　　　　　　　　　(　　)

(3)汽车专用试电笔只能用在低压直流系统的检测,不能用于检测交流电。 (　　)

(4)汽车专用试电笔在使用时不需要搭铁。　　　　　　　　　　　　(　　)

(5)汽车试灯和试电笔作用完全相同。　　　　　　　　　　　　　　(　　)

## 本任务学习总结:

_____

_____

_____

_____

## 本任务学习心得:

_____

_____

_____

_____

## 任务二 | 汽车充电系统的故障诊断与排除

**任务目标**

- 能正确操作点火开关,检查汽车充电系统是否正常工作;
- 通过查阅维修手册,能找出汽车充电系统各零部件的具体位置;
- 通过查阅维修手册,能对汽车充电系统各零部件或总成进行检查;
- 能规范实施汽车充电系统各零部件或总成的拆装与更换;
- 能对汽车充电系统的线路进行检修;
- 能对汽车充电系统进行竣工检查,确认故障是否排除。

# 活动一 汽车充电系统电路图识读

## 【情景引入】

维修前台接到客户张先生的电话,反映汽车充电系统出现故障,仪表盘充电指示灯常亮。请你查看维修手册,在规定的时间内完成对汽车充电系统的排查,找出故障点,完成检修后交付班长验收。

### 一、大众捷达汽车充电系统电路图

大众捷达汽车充电系统电路图如图 2-1 所示。

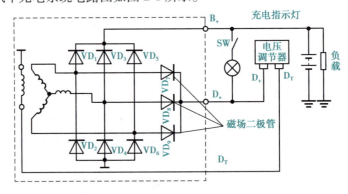

图 2-1　大众捷达汽车充电系统电路图

当把点火开关打到 ON 挡时,电流的走向如下:

蓄电池 + →点火开关→仪表盘充电指示灯→发电机电压调节器→发电机转子线圈→搭铁,此时仪表盘上的电池符号的充电指示灯点亮,同时发动机内部产生磁场。

启动发动机后,发电机开始发电,电流的走向如下:

发电机的 $D_+$ →发电机电压调节器→发电机转子线圈→搭铁,此时发电机开始自励发电;同时因发电机的 $D_+$ 与 $B_+$ 端子的电压相同,充电指示灯两端的电压为零,所有发电机发电后充电指示灯熄灭。

发电机输出电压高于发电机内部电压调节器的设定值时,电压调节器会切断转子线圈的电流,使发电机重新发电。

### 二、日产汽车充电系统电路图

日产汽车充电系统电路图如图 2-2 所示。

(1)日产汽车发电机端子的特点

①B 号端子:发电机的正极;

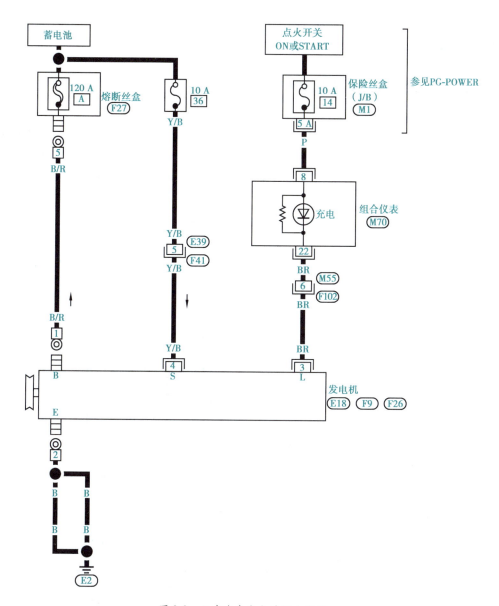

图 2-2　日产汽车充电系统电路图

②E 号端子:发电机的负极,为发电机的外壳;

③L 号端子:发电机的励磁端子,是产生磁场的端子;

④S 号端子:蓄电池电压反馈端子。

(2)日产汽车发电机蓄电池电压反馈端子的作用

随着发电机不断给蓄电池充电,蓄电池的电压和电解液的密度会逐渐增大,蓄电池电压反馈端子会把蓄电池的电压反馈给发电机内部调节器,发电机会逐步减小输出电压,防止蓄电池过度充电。

## 【拓展学习】

### 一、本田雅阁汽车充电系统电路图

2003 款本田雅阁汽车发电机除发电机 B 正极外,带有一个 4 芯的电插头,如图 2-3 所示,分别为 FR,L,C,IG 端子。IG 端子是钥匙信号端子,当点火开关打到 ON 挡时,电源通过驾驶员侧仪表盘下 18 号(15 A)保险丝给发电机的 IG 端子供电;发电机的另外 3 个端子要连接发动机电源分配模块 PCM,PCM 通过 CAN-H 和 CAN-L 与仪表总成相连,来控制仪表盘的充电指示灯。

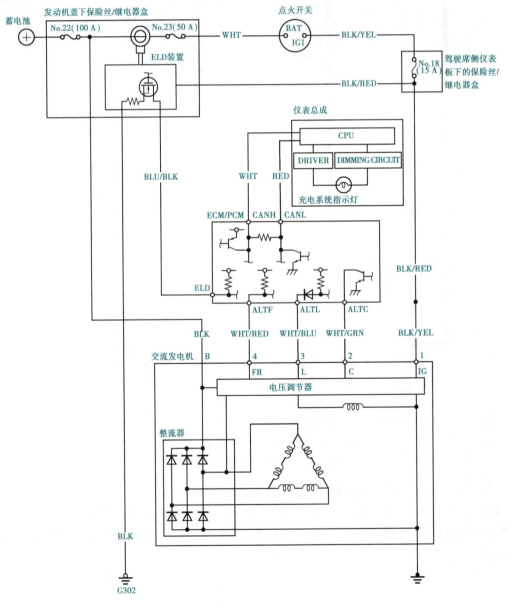

图 2-3　本田雅阁汽车充电系统电路图

CAN 是控制器局域网络(Controller Area Network)的简称,是由以研发和生产汽车电子产品著称的德国 BOSCH 公司开发的,并最终成为国际标准(ISO 11898)。它是国际上应用最广泛的现场总线之一。

OBD 是车载诊断系统(On-Board Diagnostic)的简称。该系统随时监控发动机的运行状况和尾气处理系统的工作状态,一旦发现有可能引起排放超标的情况,会马上发出警示。当系统出现故障时,故障灯(MIL)或检查发动机(Check Engine)警告灯亮,同时 OBD 系统会将故障信息存入存储器,通过标准的诊断仪器和诊断接口可以以故障码的形式读取相关信息。根据故障码的提示,维修人员能迅速准确地确定故障的性质和部位。

## 二、别克汽车充电系统电路图

别克汽车充电系统比较复杂,发电机有两个端子(F,L),如图 2-4 所示,要连接发动机控制模块(发动机 ECU)。也就是说,发电机的发电量是由发动机电脑来控制的,发动机电脑根据汽车用电量来控制发电机的输出功率。

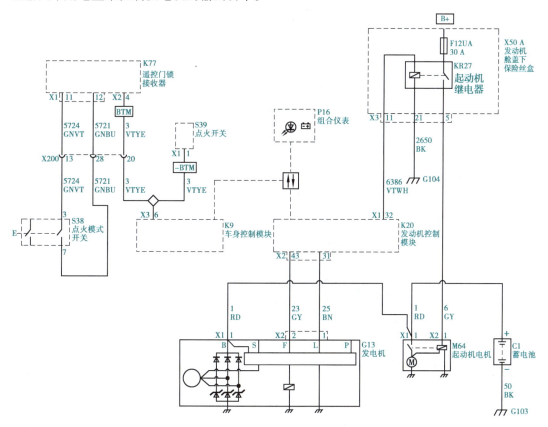

图 2-4　别克汽车充电系统电路图

【课堂作业】

1.根据实训车辆,查找充电系统零部件的位置。

| 检测项目 | 图　例 | 位置描述 |
|---|---|---|
| 点火开关 | | |
| 充电指示灯 | | |
| 发电机 | | |
| 蓄电池 | | |
| 充电系统保险丝 | | |

2.查找相关内容,回答下列问题。

| 项　目 | 图　例 | 功　能 |
|---|---|---|
| 丰田发电机端子 | | 填写端子的功能:<br>S:_____<br>IG:_____<br>L:_____ |

| 项　目 | 图　例 | 功　能 |
|---|---|---|
| 本田发电机端子 | L  IG<br>FR  C | 填写端子的功能：<br>FR：＿＿＿＿＿＿＿＿＿＿<br>IG：＿＿＿＿＿＿＿＿＿＿<br>L：＿＿＿＿＿＿＿＿＿＿＿<br>C：＿＿＿＿＿＿＿＿＿＿＿ |
| 大众发电机端子 | B₊<br>D₊ | 填写端子的功能：<br>B₊：＿＿＿＿＿＿＿＿＿＿<br>D₊：＿＿＿＿＿＿＿＿＿＿ |
| 福特发电机端子 | LI RC AS | 填写端子的功能：<br>LI：＿＿＿＿＿＿＿＿＿＿<br>RC：＿＿＿＿＿＿＿＿＿＿<br>AS：＿＿＿＿＿＿＿＿＿＿ |
| 标致发电机端子 | L<br>DFM | 填写端子的功能：<br>L：＿＿＿＿＿＿＿＿＿＿＿<br>DFM：＿＿＿＿＿＿＿＿＿ |

3.查阅相关资料,回答下列问题。

| 名词解释 | |
|---|---|
| CAN | |
| CAN-H | |
| CAN-L | |

4.查阅相关资料,写出汽车 OBD-II 诊断接头的特点。

＿＿＿＿＿＿＿＿＿＿＿＿＿＿＿＿＿＿＿＿＿＿＿＿＿＿＿＿＿＿＿＿＿＿＿＿＿＿＿＿＿＿＿＿

＿＿＿＿＿＿＿＿＿＿＿＿＿＿＿＿＿＿＿＿＿＿＿＿＿＿＿＿＿＿＿＿＿＿＿＿＿＿＿＿＿＿＿＿

5.写出汽车仪表盘充电指示灯的状态。

（1）钥匙打到 ON 挡：＿＿＿＿＿＿＿＿＿＿＿＿＿＿＿＿＿＿＿＿＿＿＿＿＿＿＿＿＿＿＿

（2）发动机启动后：_____

# / 活动二 / 汽车充电系统线路检修

### 一、汽车充电系统保险丝的检查

根据维修手册或者保险丝盒背面提供的保险丝的位置信息,查找充电系统保险丝的位置,并检查其好坏;如果保险丝有烧断应该更换,保险丝插脚若有氧化可以用砂纸打磨干净,以免保险丝因接触不良而失效。

### 二、汽车充电系统发电机端子电压的检查（以丰田卡罗拉为例）

| 检查项目 | 检测方法和标准 | 图　例 |
|---|---|---|
| 发电前发电机输出电压 | 打开点火开关,不启动发动机,使用万用表测量发动机正极和外壳之间的电压,应为蓄电池电压 | |
| 发电后发电机输出电压 | 启动发动机,发电机发电后,使用万用表测量发动机正极和外壳之间的电压,应为蓄电池充电,电压为 14～15 V |  |
| 点火开关关闭时 IG 端子电压 | 拔下丰田卡罗拉发动机的电插头,使用万用表测量,IG 端子电压应为 0 V | |
| 点火开关打开后 IG 端子电压 | 拔下丰田卡罗拉发动机的电插头,使用万用表测量,IG 端子电压应为蓄电池电压 | |
| 点火开关关闭时 L 端子电压 | 拔下丰田卡罗拉发动机的电插头,使用万用表测量,L 端子电压应为 0 V |  |
| 点火开关打开后 L 端子电压 | 拔下丰田卡罗拉发动机的电插头,使用万用表测量,L 端子电压应为蓄电池电压 | |
| 点火开关关闭时 S 端子电压 | 拔下丰田卡罗拉发动机的电插头,使用万用表测量,S 端子电压应为蓄电池电压 |  S<br>IG L<br>**280** |
| 点火开关打开后 S 端子电压 | 拔下丰田卡罗拉发动机的电插头,使用万用表测量,L 端子电压应为蓄电池电压 | |

当发电机端子电压不符合标准时,说明汽车充电系统线路存在短路或者断路的可能,此时要根据相关车型维修电路图来进行检测。

## 【拓展学习】

### 一、线路断路的检查

汽车充电线路的断路可以使用数字万用表来检测,测量时应断开被测线路,使用万用表的蜂鸣挡或 200 Ω 电阻挡来测量,如果蜂鸣挡不响或者电阻挡显示开路说明被测线路出现了断路,此时应更换相应的线束。

2003 款本田雅阁汽车充电系统在检测发电机线路是否断路时,首先关闭点火开关,拆卸 PCM 的电插头,如图 2-5 所示;然后断开发电机的四芯电插头,使用数字万用表的欧姆挡来检测被测端子和 PCM 对应端子的导通性,标准电阻应小于 1 Ω。

### 二、线路短路的检查

当汽车充电系统保险丝烧断时,不要随意更换一个相同型号的保险丝,因为汽车充电系统线路很有可能存在短路的可能,在更换前应先检查线路是否短路。线路短路的测量方法:关闭点火开关,拔下发电机四芯电插头,测量发电机端子和蓄电池负极之间的电阻,应大于 10 kΩ,如图 2-6 所示。

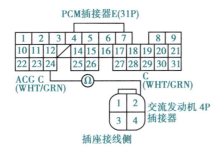

图 2-5　发电机端子线路断路的检测

图 2-6　发电机端子线路短路的检测

## 【课堂作业】

1.根据实训车辆进行下列项目的检查,填写检查结果。

| 检查项目 | 检查结果 | 处理意见 |
| --- | --- | --- |
| 将点火开关打到 ON 挡,检查仪表盘充电指示灯的状态 | | |
| 启动发动机后,检查仪表盘充电指示灯的状态 | | |

续表

| 检查项目 | 检查结果 | 处理意见 |
|---|---|---|
| 发电前发电机输出电压 | | |
| 发电后发电机输出电压 | | |
| 点火开关关闭时 IG 端子电压 | | |
| 点火开关打开后 IG 端子电压 | | |
| 点火开关关闭时 L 端子电压 | | |
| 点火开关打开后 L 端子电压 | | |

2.使用万用表。

| 项 目 | 作 用 | 测 量 |
|---|---|---|
| 蜂鸣挡 | 可以判断线路的通断,还可以检测二极管的好坏 | 测量汽车发电机的整流器的好坏和导线的通断;测量一条导线的好坏 |
| 欧姆挡 200 Ω 挡 | 可以检测用电器具体电阻值 | 测量继电器线圈和发动机喷油器的电阻 |
| 欧姆挡 20 kΩ 挡 | 可以检测用电器的绝缘性 | 测量发电机正极和电插头端子的绝缘性 |

# ／活动三／ 汽车发电机检测与更换

## 一、汽车发电机整体拆装

汽车发电机整体拆装步骤如图 2-7 所示。

①任务开始前安装三件套。

②断开蓄电池。

③拆卸发电机皮带张紧机构。

④安装张紧机构定位销。

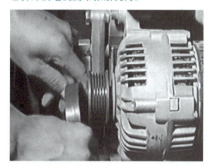

⑤取下发电机皮带。

⑥拆卸发电机固定螺丝。

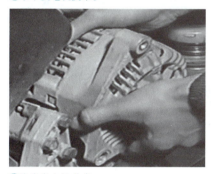

⑦取出发电机总成。

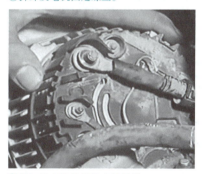

⑧拆卸发电机接线柱上的导线。

图 2-7　汽车发电机整体拆装步骤

☆ 提示

　在进行汽车发电机整体拆卸之前,首先要断开蓄电池负极。

## 二、发电机的分解

发电机的分解步骤如图 2-8 所示。

①拆卸发电机皮带轮螺丝。

②使用专用工具拆卸皮带轮。

③拆卸发电机前端盖固定螺丝。

④使用胶锤拆卸前端盖。

⑤拆卸发动机风扇。

⑥拆卸发电机转子。

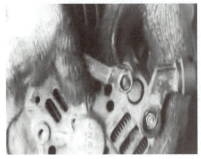

⑦拆卸后端盖接线柱。

⑧拆卸整流器与后端盖连接螺丝。

⑨分开后端盖与定子总成。

⑩发电机分解完成后,摆放好零部件。

图2-8　发电机的分解步骤

☆ 提示

　　汽车发电机分解完成后,摆放好零部件及拆装工具。

### 三、发电机的检测

发电机的检测步骤如图2-9所示。

①使用蜂鸣挡检测整流器二极管。

②检测发动机转子线圈的电阻。

③检测发动机转子线圈的绝缘性。

④定子线圈导通性检查。

⑤定子线圈绝缘性检查。

图 2-9　发电机的检测步骤

☆ 提示

　　使用万用表检测汽车发电机零部件的好坏时，一定要选择正确的挡位和量程。

【拓展学习】

　　无刷发电机(图 2-10)和有刷发电机的区别是发电机的转子上没有转子绕组，转子绕组是固定的，转子绕组通电产生磁场，通过转子上爪极的转动来改变磁场分布，从而达到定子线圈切割磁场产生三相交流电的目的。

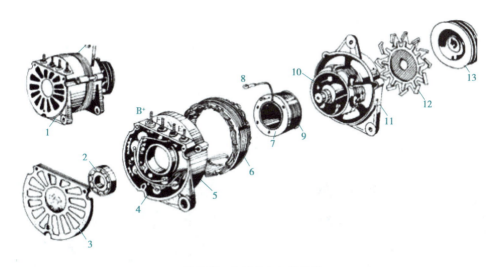

图 2-10　无刷发电机结构图

1—无刷发电机实物图;2—轴承;3—盖板;4,5—后端盖整流器;6—定子总成;

7,8,9—定子线圈和铁芯;10,11—前端盖和转子总成;12—风扇;13—皮带轮

## 【课堂作业】

1.结合实训车辆和信息页提示回答问题。

| 检查项目 | | 检查方法 | 检查结果 |
| --- | --- | --- | --- |
| 转子总成检查 | 转子线圈电阻 | 两导电环之间的电阻(万用表使用200 Ω 挡测量) | |
| | 转子线圈绝缘性检查 | 一个表笔放铁芯,一个表笔放导电环(使用万用表 20 kΩ 挡测量) | |
| | 导电环 | 用砂纸打磨光滑 | |
| 定子总成检查 | 外观检查 | 目视检查掉油漆、是否有烧焦味 | |
| | 导通性检查 | 测 3 次(使用蜂鸣挡测量) | |
| | 绝缘性检查 | 20 kΩ | |
| 电刷总成检查 | 电刷长度、磨损情况 | 测电刷的长度、打磨电刷 | |
| 整流器检查 | 导通性检查 | 测两次,一次导通、一次不导通为正常 | |

2.根据发电机拆卸步骤回答问题。

(1)断开蓄电池负极电池头。

(2)拆下发电机的正极接线柱和电插头。

(3)松开发电机固定螺丝和张紧度调整螺丝,取下发电机皮带(检查皮带的磨损情况,不能有缺齿、开裂现象)。

（4）取下发电机固定螺丝,取下发电机。

请写出安装步骤:

① _____

② _____

③ _____

④ _____

3.请根据图 2-11 提示列举出具体的保养项目。

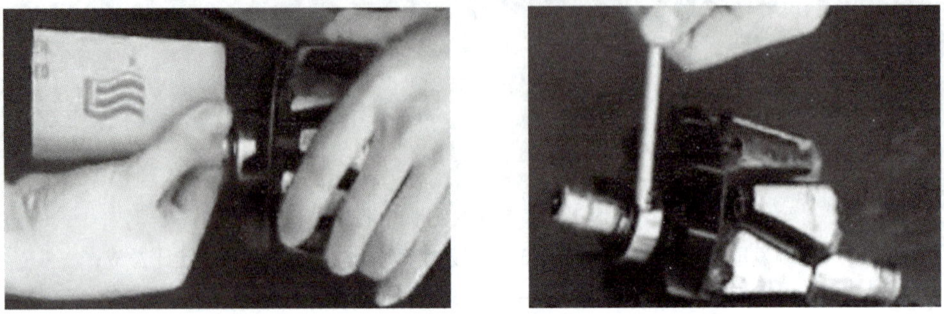

图 2-11　发电机的保养

（1）_____

（2）_____

4.请根据发电机组装结果写出检查的方法或者要求。

（1）发电机转动自如无卡滞:_____

（2）发电机的绝缘性:_____

5.调整发电机皮带的松紧度。

（1）所需工具列举:_____

（2）松紧度标准:_____

6.列举发电机皮带的检查项目。

_____

_____

_____

_____

7.写出无刷发电机与有刷发电机的区别。

_____

_____

_____

_____

# /活动四/　汽车充电指示灯不亮故障案例分析

## 【案例引入】

车主的汽车是一辆日产轩逸轿车,据车主反映,车辆打开点火开关后,仪表板上的电池符号充电指示灯不亮,经技术人员确定后是充电系统故障导致的。

**一、分析汽车充电指示灯不亮的可能原因,初步判断故障范围**

1.充电系统线路故障

汽车充电系统线路故障,主要是其线路出现了断路或者短路造成的。

2.充电系统保险丝损坏

当充电系统保险丝烧断时,要排查其线路是否存在短路故障,排除后再更换相同规格的保险丝。

3.发电机损坏

发电机内部的电压调节器损坏、电刷严重磨损、转子脏污、转子线圈烧断等都会造成汽车充电指示灯不亮的故障。

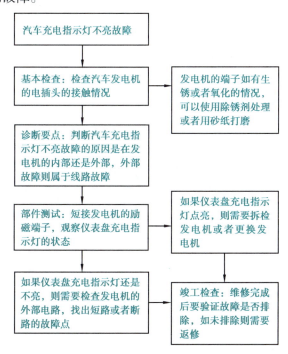

图 2-12　汽车充电指示灯不亮诊断流程图

## 二、撰写汽车充电指示灯不亮诊断流程图(图2-12),厘清诊断的思路

汽车充电指示灯不亮诊断流程一般包括基本检查、部件测试、拆装检修几个步骤。

**1.基本检查**

首先应检查汽车发动机的电插头是否存在松动或者接触不良的情况。其方法是拔下发电机的电插头,查看发电机的端子是否存在生锈或者氧化的现象,如有,可采用除锈剂来清除。

**2.部件测试**

关闭点火开关,找到发动机的励磁端子,例如,丰田发电机是L端子,使用跨接线让L端子搭铁,此时如果汽车充电指示灯点亮说明故障在发电机的内部,应拆检发电机;如果汽车充电指示灯还是不亮,说明故障在发电机的外部,是充电系统线路故障导致的,应重点检查汽车充电系统的保险丝、仪表盘以及发电机之间的线路。

**3.拆装检修**

应根据维修手册的操作流程,对汽车发电机进行整体拆卸、分解检查或者直接更换,发电机维修或者更换后要进行竣工检查,验证汽车发电功能是否正常。

### 【拓展学习】

搭铁不良:搭铁线在汽车电路中看起来线路比电源线少得多,但却占据着重要功用,因为汽车是运动的交通工具,通常容易出现搭铁不良或者线路断路。轻则影响汽车某方面的功能,重则使汽车瘫痪。这时就要求搭铁线的电阻越小越好。当发现搭铁线有断裂、腐蚀等现象时,要尽快维修。

思考:汽车发电机搭铁不良,应怎样检查?

_____

_____

### 【课堂作业】

根据汽车充电指示灯不亮诊断流程图,实施诊断并填写过程记录单。

| 学生姓名 | | | 班　级 | |
|---|---|---|---|---|
| 车辆信息 | 车辆型号 | | 里程表/km | |
| | 车辆识别代码(VIN) | | | |
| | 发动机型号 | | | |
| 项　目 | 作业记录提示 | | 填写检测结果或者数据 | |
| ①维修准备 | 小组分工 | | | |

续表

| 项 目 | 作业记录提示 | 填写检测结果或者数据 |
|---|---|---|
| ②前期准备 | 维修工具和检测设备的准备 | |
| ③安全检查 | 油、水、电的检查 | |
| ④故障现象确认 | 观察和记录汽车仪表盘上报警灯的状态 | |
| ⑤确定故障范围 | 列举故障产生的原因 | |
| ⑥基本检查 | 对故障系统进行基本的检查 | |
| ⑦部件测试 | 对被怀疑的部件进行部件测试,须注明元件名称/插接件代码、针脚编号和测量结果 | |
| ⑧电路测量 | 对被怀疑的线路进行测量,须注明插件代码和编号,控制单元针脚代号以及测量结果 | |
| ⑨故障部位确认和排除 | 参考维修手册确认故障点 | |
| ⑩维修结果确认 | 竣工检查并填写维修工单 | |
| ⑪现场恢复 | 5S 管理 | |

# 活动五  汽车充电指示灯常亮故障案例分析

## 【案例引入】

车主的汽车是一辆日产天籁轿车,据车主反映车辆启动后,仪表板上的电池符号充电指示灯不熄灭,经技术人员确定后是充电系统故障导致的。

### 一、分析汽车充电指示灯常亮的可能原因,初步判断故障范围

1.发电机损坏

发电机内部电压调节器工作不正常、整流器二极管部分损坏、定子线圈烧坏等都会造成汽车充电指示灯不亮的故障。

2.发电机皮带

发电机皮带打滑或者折断都会使得发电机的输出电压过低,导致汽车充电指示灯常亮的故障。

### 二、撰写汽车充电指示灯常亮诊断流程图(图2-13),厘清诊断的思路

汽车充电指示灯常亮诊断流程一般包括基本检查、部件测试、拆装检修、更换几个步骤。

1.基本检查

首先应检查汽车发动机的正极接线柱是否存在松动的情况,如有要紧固处理;启动发动机后,要观察发电机皮带的运转情况,如果有打滑现象,则需调整发电机皮带的松紧度,如果发电机皮带磨损严重则需要更换。

2.部件测试

启动发动机后,要测量发电机的输出电压,其正常电压应为14～15 V,如果发电机的输出电压正常,而车辆充电指示灯还是常亮,则说明充电线路存在松动故障,要逐一排除;关闭点火开关,找到发动机的励磁端子。例如,丰田发电机是L端子,使用试灯测量L端子供电是否正常,如果试灯亮度正常,说明故障在发电机的内部,应拆检发电机;如果试灯亮度不正常,说明故障充电系统外部电路存在松动或者虚接的故障。

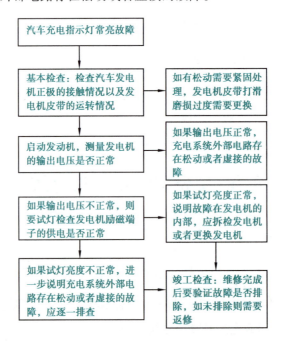

图2-13 汽车充电指示灯常亮诊断流程图

【拓展学习】

汽车线路的虚接:理论上讲,线路虚接,相当于增大线路电阻。在虚接部位不搭铁的情况下,线路电阻增大,负载减少,保险丝肯定不会熔断。

思考:汽车线路的虚接,应怎样检查?

# / 活动六 / 汽车发电机异响故障案例分析

## 【案例引入】

车主的汽车是一辆丰田花冠(COROLLA)轿车,行驶里程已达118 000 km。据车主反映,车辆启动后,发电机舱有异响,经技术人员确定后是发电系统故障导致的。

**一、分析汽车发电机异响的可能原因,初步判断故障范围**

1.发电机内部轴承损坏

在发电机运转过程中产生的噪声,此时需要更换发电机的轴承或者更换发电机。

2.发电机皮带老化

发电机皮带老化后,也会出现异响,但是发电机皮带老化产生的异响会随着温度的升高而减弱或者消失。

**二、汽车发电机轴承异响的判断方法**

汽车发电机轴承异响可采用汽车异响诊断仪器(图2-14)来判断异响部位。皮带张紧轮轴承异响的特征和动力转向液压泵轴承、发电机轴承等的异响基本相同,是一种连续的"沙沙"声,声调随发动机转速升高而变尖锐。如果发动机有类似于轴承的异响,但用长柄起子或听诊器查听发动机的水泵、发电机、动力转向液压泵等外部附件均无异响,则可初步确定为正时皮带张紧轮轴承异响。

图 2-14　汽车异响探测仪

## 【拓展学习】

汽车交流发电机单向皮带轮(图 2-15):传统的动力传递是皮带驱动方式,发动机与发电机之间是靠皮带等部件来完成动力传递的。发动机一侧微小的转速变化,都能引起皮带工作的不稳定、打滑,以及伴随产生的噪声,甚至降低皮带的寿命。基于此,一些厂家从启动机上采用了数种单向离合器的情况得到启发,从 21 世纪初就开始研发、制造出了内装单向离合器的汽车发电机皮带轮,开发出可以吸收转速变化、高可靠性的驱动系统。

图 2-15 发电机
单向皮带轮

单向交流发电机皮带轮又称为交流发电机超越皮带轮,英文全称为 Overrunning Alternator Pulley,俗称发电机带离合。

发电机单向皮带轮由一个与多楔带截面形状相匹配的外圈,一个由冲压内圈、外圈和双滚针轴承组成的离合器单元,一个轴套以及两个密封圈组成,如图 2-16 所示。为了防止水和其他污垢的影响,在其外端面安装了一个保护盖。

发电机单向皮带轮的功能是将交流发电机从发动机前端附件皮带传动系统中解耦出来,因为交流发电机在发动机前端附件皮带传动系统中具有最高的转动惯性矩。这就意味着,发电机单向皮带轮是多楔带,只能单向驱动交流发电机。

图 2-16 发电机单向皮带轮分解图

发电机单向皮带轮的特点:

①具有单向打滑性能,其基本原理类似起动机上的单向离合器齿轮。

②可分为外圈与内圈两个部分,在运转中若出现内圈转速(即转子转速)超过外圈转速的情况,皮带轮立即打滑,此时内圈与外圈之间脱离。

③有一个塑料罩,罩在端口防止灰尘进入内部,俗称防尘罩。

④依靠其背面的螺纹直接旋转在转子轴上。因此,在轮的外端面没有六角螺母。

⑤普通皮带轮是三角形,单向皮带轮是楔形,使发电机在运行中得到了良好的性能。

# / 活动七 / 考核评价

【考核要求】

- 汽车充电系统理论认知的考核;
- 汽车充电系统故障诊断能力的考核;
- 5S 管理意识的考核;
- 团队合作能力的考核;
- 口头表达能力的考核。

## 一、汽车充电系统考核内容和评分标准

| 学习任务名称 | | | 学生姓名和班级 | | | | |
|---|---|---|---|---|---|---|---|
| 评价项目 | 评价内容 | 分值 | 评分标准 | | 得分 | 小计分数 | 扣分原因 |
| 专业能力 | 汽车充电系统零部件位置查找 | 5 | 每漏一项扣1分 | | | | |
| | 汽车充电系统电路图识图 | 5 | 根据回答酌情扣分 | | | | |
| | 汽车充电机的使用 | 5 | 操作流程不正确不得分 | | | | |
| | 充电线路的检查 | 10 | 检测思路不清晰、检测不规范酌情扣分 | | | | |
| | 发电机整体更换 | 5 | 流程不正确每项扣1分 | | | | |
| | 发电机的分解 | 5 | 每漏一项扣1分；操作不规范每项扣1分 | | | | |
| | 发电机的检查 | 10 | 操作不规范每项扣1分 | | | | |
| | 蓄电池的检查 | 5 | 操作不规范每项扣1分 | | | | |
| | 油、水、电安全检查 | 5 | 每漏一项扣1分 | | | | |
| | 维修前的工量具准备 | 5 | 每漏一项扣1分；操作不规范每项扣1分 | | | | |
| 通用能力 | 能读懂任务书，与客户或维修主管进行有效沟通，记录关键内容，整理客户需求 | 5 | 没有沟通扣2分；沟通不到位扣1分；无记录扣2分 | | | | |
| | 能查阅相关维修资料，获取汽车发电机不工作的维修信息 | 5 | 没有查阅扣3分；查阅方法不对扣2分 | | | | |
| | 能从满足客户功能需求、使用价值和企业工作规范、安全性、环保性、成本效益等角度考虑 | 5 | 完全不符合每项扣1分 | | | | |
| | 能及时有效地解决维修过程中的突发问题 | 5 | 完全没有解决扣3分；解决不及时扣2分；无突发问题不扣分 | | | | |
| | 能对已完成的工作进行记录、存档、评价和反馈 | 5 | 无记录扣2分 | | | | |
| | 在维修过程中保持6S、三不落地，完工后对工位进行恢复整理 | 5 | 零件、工具、油水落地每项扣1分；6S整理每漏一项扣1分 | | | | |

续表

| 评价项目 | 评价内容 | 分值 | 评分标准 | 得分 | 小计分数 | 扣分原因 |
|---|---|---|---|---|---|---|
| 通用能力 | 表述仪态自然、吐字清晰、思路清晰,且与实际相符 | 5 | 仪态不自然、吐字模糊、思路不清晰每项扣1分;表述与实际不符扣1分 | | | |
| | 分工明确,团队合作融洽 | 5 | 分工不明确扣2分;团队合作不融洽扣2分 | | | |
| 总　分 | | | | | | |

### 二、汽车充电系统专业知识理论考核

1.选择题

(1)组装好发电机后,要检查发电机正极与外壳的(　　　)。

   A.导通性                      B.绝缘性

(2)丰田花冠发电机 S,IG,L,M 4 个端子中,(　　　)是励磁端子。

   A.L                          B.IG

(3)大众捷达发电机中 $D_+$ 端子的作用是(　　　)。

   A.蓄电池电压信号反馈         B.励磁

(4)汽车电器维修测绝缘性,使用万用表欧姆挡的(　　　)。

   A.200 Ω 挡              B.20 kΩ 挡

(5)汽车发电机皮带松紧度经验调整法,食指和拇指翻转皮带接近(　　　)。

   A.60°                      B.90°

(6)12 V 系统的汽车启动后,使用万用表测量蓄电池电压,电压应为(　　　)。

   A.12 V 左右             B.13～15 V

2.判断题

(1)检查汽车发电机电插头中励磁端子电压时,需要打开点火开关。 (　　　)

(2)汽车在行车过程中仪表盘上的蓄电池符号红色报警灯点亮,说明发电系统有故障。

                                         (　　　)

(3)汽车发电机内部轴承松动,发动机在运转的过程中会有异响。 (　　　)

(4)汽车充电系统的故障排查时,应先判断发电机外部线路没有问题时,才拆卸发电机进行检修。 (　　　)

本任务学习总结：

_____

_____

_____

_____

_____

本任务学习心得：

_____

_____

_____

_____

_____

# 任务三 | 汽车灯光系统的故障诊断与排除

**任务目标**

- 能正确操作灯光开关,检查汽车灯光系统是否正常;
- 通过查阅维修手册,能找出汽车灯光系统各零部件的具体位置;
- 通过查阅维修手册,能对汽灯光系统各零部件或者总成进行检查;
- 能规范实施汽车灯光系统各零部件或者总成拆装与更换;
- 能对汽车灯光系统的线路进行检修;
- 能对汽车灯光系统进行竣工检查,确认故障是否排除。

# / 活动一 / 汽车灯光系统电路图识读

## 【情景引入】

维修前台接到客户张先生的电话,反映车辆汽车灯光系统出现故障,左前大灯的近光灯不亮。请你查看维修手册,在规定的时间内对汽车灯光系统进行检查,并更换损坏的零部件或者总成,完成后交付班长验收。

### 一、本田飞度大灯电路图

本田飞度大灯电路图如图 3-1 所示。

①本田飞度大灯的继电器和保险位置在发动机舱保险丝盒里;近光灯继电器和远光灯继电器分别是 1 号和 2 号继电器,保险丝规定均为 20 A,分别是 43 号和 45 号保险丝。

②本田飞度小灯也有继电器,为尾灯继电器,小灯保险丝位于仪表盘下方保险丝盒内。

③组合开关内部状态变化从断开位置转为小灯位置,最后转为近光灯位置;近光开关处于实线位置,当按下远光开关时,开关内部转为虚线位置,开关转为远光灯位置。

### 二、本田飞度转向灯电路图

本田飞度转向灯电路图如图 3-2 所示。

①本田飞度左右转向灯电路受点火开关的控制,转向灯电路的保险丝位于仪表盘下方保险丝盒 10 号位置,规格为 7.5 A。

②本田飞度危险报警灯电路不受点火开关的控制,危险报警灯电路的保险丝位于发动机舱保险丝盒 49 号位置,规格为 15 A。

③危险灯开关共有 10 个端子,其内部是一个联动开关,当危险灯开关不工作时,联动开关处在实线位置;当按下危险灯开关时,联动开关由实线位置转为虚线位置。

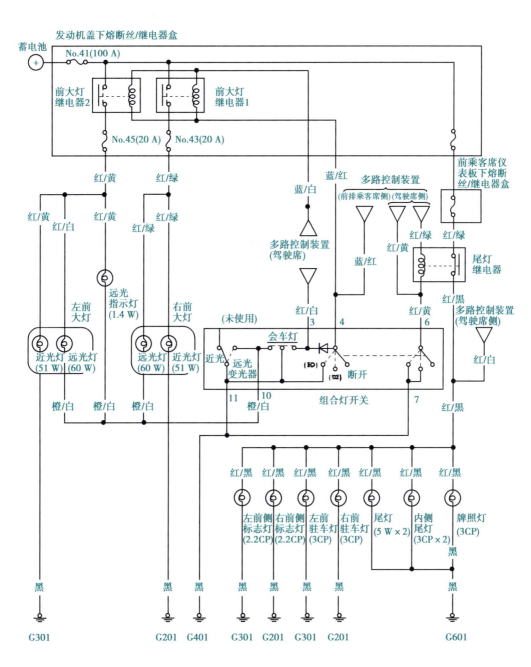

图 3-1 本田飞度大灯电路图

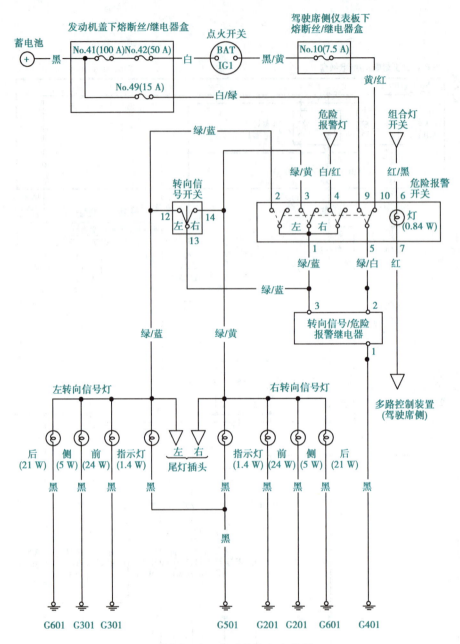

图 3-2  本田飞度转向灯电路图

## 【拓展学习】

### 一、氙气大灯

氙气灯（HID）即高压气体放电灯。氙气灯是重金属灯，如图 3-3 所示，通过在抗紫外线水晶石英玻璃管内填充多种化学气体，如氙气等惰性气体，然后再透过增压器将车载 12 V

电源瞬间增至 23 000 V,在高电压下,氙气会被电离并在电源两极之间产生光源。氙灯的性能较卤素灯有了显著提升,它的光通量是卤素灯的 2 倍以上,电能转化为光能的效率也比卤素灯提高了 70% 以上。

图 3-3 氙气灯

1.氙气大灯的优点

①亮度:亮度的单位是流明(lm),流明越大亮度越高。一般 55 W 的卤素灯只能产生 1 000 lm 的光,而 35 W 的 HID 能产生 3 200 lm 的光,亮度是卤素灯的 3 倍。因此,HID 比其他车灯照得更高、更广、更远,可大大减少夜间行车事故。

②色温高:HID 灯可以产生 4 000~12 000 的色温光,接近正午日光的颜色,人眼的接受度及舒适度最高。

③寿命长:HID 是利用电子激发气体发光的,并无钨丝,因而寿命长,一组 HID 气体放电灯大约为 3 000 h。

④耗电少:HID 的功率一般只有 35 W,而普通车灯的功率一般为 55 W。

⑤应急性好:当电源系统出现供电问题时,HID 会延长几秒才熄灭,给驾驶员时间处理紧急情况提供照明,可极大地减少夜间行车事故。

2.氙气大灯系统的组成

①镇流器:HID 汽车前照灯系统均有一个镇流器,其功能是保持 HID 系统的电压稳定,它是 HID 系统与汽车电气系统之间的桥梁和界面,既维护 HID 系统的相对独立,又保持它与汽车电气系统间的联系。

②启辉器:由于 HID 车灯类似荧光灯原理,即通过两电极间的弧发光,所以需要一个启辉器。目前有的启辉器与镇流器制成一体,有的则单独分开。

③光源:HID 车灯的光不是来自钨丝,而是通过电离作用而发光。其灯泡由水晶玻璃制成,内有两个电极,当两电极上电压足够时,它就产生弧光,并由镇流器保持光源。

④配光系统:配光系统决定了发出光的距离和宽度。

⑤平衡系统:有的 HID 车灯,如宝马 7 系列车型上使用的车灯,使用了一种平衡系统,这种系统能自动根据外界光线及前方目标调整光亮,消除眩目现象。

**二、随动转向大灯**

随动转向大灯即自动转向大灯,也称为自动头灯,如图 3-4 所示。随动转向大灯简称 AFS,全称为汽车自适应前大灯系统或者智能前照灯系统。自适应前大灯系统 AFS(Adaptive Front-Lighting System)能根据汽车方向盘角度、车辆偏转率和行驶速度,不断对大灯进行动态调节,使其适应当前的转向角,保持灯光方向与汽车的当前行驶方向一致,以确保对前方道路提供最佳照明,并对驾驶员提供最佳可见度,从而显著增强了黑暗中驾驶的安全性。在路面照明差或多弯道的路况中,扩大驾驶员的视野,还可提前提醒对方来车。可以通过 AFS 控制开关来关闭 AFS 功能,如图 3-5 所示。

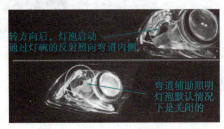

图 3-4　自动转向大灯

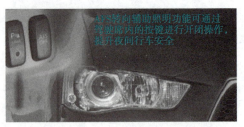

图 3-5　AFS 控制开关

### 三、自动灯光

自动大灯,如图 3-6 所示。开启自动大灯时,感应器感觉到周围光线暗就会自动亮近光灯。感应器在车内,前挡风玻璃右边,有一个突出的圆圈,将其遮挡,灯也会变亮。

自动头灯也称为自动感应式自动大灯,相当于前大灯安装了感光控制系统,中央智能控制盒根据光线传感器(图 3-7)来判断光线亮度变化,从而控制自动点亮或熄灭头灯。例如,从亮的地方突然进入隧道,大灯自动调节灯光亮度,点亮前路。自动头灯可使驾驶者在需要大灯时免去找开关的过程,同时也可避免驾驶者在夜间或光线不好时忘记开大灯,大大提高了行车安全性。

图 3-6　自动大灯开关

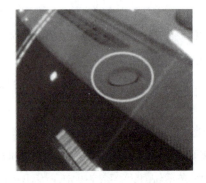

图 3-7　自动大灯传感器

【课堂作业】

1.根据实训车辆,查找灯光系统零部件的位置。

| 检测项目 | 图　例 | 位置描述 |
| --- | --- | --- |
| 灯光开关 |  |  |

续表

| 检测项目 | 图　例 | 位置描述 |
|---|---|---|
| 危险报警灯开关 | | |
| 发动机舱保险丝盒 | | |
| 仪表盘下方保险丝盒 | | |
| 刹车灯开关 | 刹车灯开关 | |
| 大灯继电器 | | |
| 转向灯闪光器 | | |
| 自动灯光传感器 | | |

2.查找相关内容,回答问题。

(1)画出普通灯光控制原理图。

(2)画出自动灯光控制原理图。

(3)写出氙气大灯与普通大灯的区别。

# /活动二/ 汽车灯光系统线路检修

## 一、汽车灯光开关的检查(图3-8)

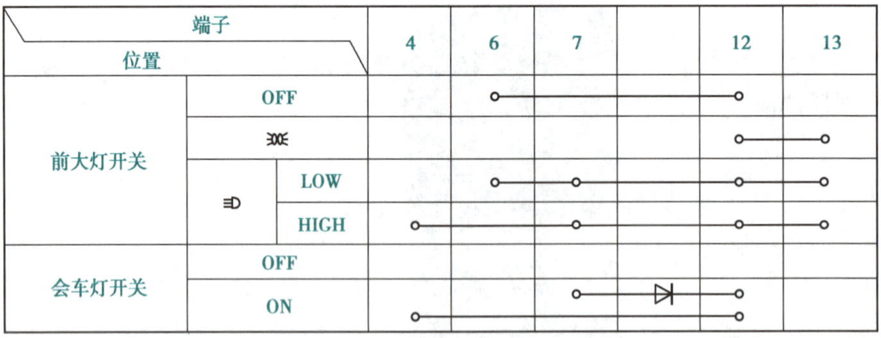

| 端子 / 位置 | | | 4 | 6 | 7 | | 12 | 13 |
|---|---|---|---|---|---|---|---|---|
| 前大灯开关 | OFF | | | ● | ――――― | | ● | |
| | 〇〇 | | | | | | ● | ● |
| | 〇〇 | LOW | | ● | ● | | ● | ● |
| | | HIGH | | ● | | | ● | ● |
| 会车灯开关 | OFF | | | | | | | |
| | ON | | ● | | ● | ▷ | ● | |

图3-8 日产大灯开关结构

| 检查项目 | 检查方法 | 标　准 |
|---|---|---|
| 大灯开关处于 OFF 位置 | 6 号和 12 号端子的导通性 | <1 Ω |
| 大灯开关处于小灯位置 | 13 号和 12 号端子的导通性 | <1 Ω |
| 大灯开关处于 LOW 位置 | 6 号、7 号、12 号和 13 号端子的导通性 | <1 Ω |
| 大灯开关处于 HIGH 位置 | 4 号、7 号、12 号和 13 号端子的导通性 | <1 Ω |

若汽车灯光开关测量的数据不符合标准,则应更换汽车灯光开关。

## 二、汽车闪光继电器的检查

### 1.三脚闪光继电器

| 检查项目 | 图　例 | 标　准 |
|---|---|---|
| B 端子供电电压 |  | 蓄电池电压 |
| E 端子搭铁 | | <1 Ω |
| L 端子工作电压 | | 脉冲电压 |

若给三脚闪光继电器通上蓄电池电压,输出端子不能输出脉冲电压,则应更换闪光继电器。

### 2.多脚闪光继电器

丰田卡罗拉闪光器端子结构图,如图 3-9 所示。

```
        4           1
        +B          IG
        FLASHER Relay
 EHW    EL    ER    GND    LL    LR
  8     5     6     7      3     2
```

图 3-9　丰田卡罗拉闪光器端子结构

| 检查项目 | 标　准 |
|---|---|
| +B(常电)端子电压 | 蓄电池电压 |
| IG 端子电压 | 钥匙在 ON 挡为蓄电池电压 |
| EHW(危险灯开关)线路检查 | <1 Ω |
| EL(左转向开关)线路检查 | <1 Ω |
| ER(右转向开关)线路检查 | <1 Ω |
| GND 搭铁端子 | <1 Ω |

续表

| 检查项目 | 标 准 |
|---|---|
| LL 左转向端子输出电压 | 脉冲电压 |
| LR 右转向端子输出电压 | 脉冲电压 |

若多脚闪光器检测的数据不符合标准,则应更换闪光继电器,或者检查多脚闪光器与控制开关之间的线路。

### 三、灯泡好坏的检查(图 3-10)

| 检查项目 | 标 准 |
|---|---|
| 近光灯电阻 | <1 Ω |
| 远光灯电阻 | <1 Ω |
| 近、远光灯功率填写 | 45~60 W |

图 3-10　双丝大灯(含近光灯和远光灯)

### 【拓展学习】

### 一、普通灯光系统检查思路

> ☆ 提示
> ①检查保险丝;②检查继电器;③检查开关;④检查电压;⑤检查电阻。

请根据提示写出普通灯光不亮的检查思路,用简单的流程图来表示。

【课堂作业】

1.查找相关内容,回答问题。

(1)普通汽车大灯的工作电压选择?

□5 V          □12 V          □0 V

(2)写出三脚闪光继电器端子的作用。怎样判断三脚闪光继电器的好坏?

B——

L——

E——

画出判断三脚闪光继电器好坏的接线图。

<br><br><br><br><br><br>

(3)丰田卡罗拉闪光继电器的检查,如图 3-11 所示。

图 3-11    丰田卡罗拉闪光继电器

| 检查项目 | 检查数据 | 好坏判断 |
|---|---|---|
| +B(常电)端子电压 | | |
| IG 端子电压 | | |
| EHW(危险灯开关)线路检查 | | |
| EL(左转向开关)线路检查 | | |
| ER(右转向开关)线路检查 | | |
| GND 搭铁端子 | | |
| LL 左转向端子输出电压 | | |
| LR 右转向端子输出电压 | | |

(4)转向灯、危险灯开关检查。

| 检查项目 | 检查数据 | 好坏判断 |
|---|---|---|
| 左转向灯开关 | | |
| 右转向灯开关 | | |
| 危险灯开关 | | |

2.根据实训车辆,查找大灯系统零部件的位置并进行检查,将检查结果填入下表。

| 检查项目 | 检查结果 |
| --- | --- |
| 刹车灯灯泡电阻 | |
| 前雾灯灯泡电阻 | |
| 后雾灯灯泡电阻 | |
| 倒车灯灯泡电阻 | |
| 转向灯灯泡电阻 | |
| 近光灯灯泡电阻 | |
| 远光灯灯泡电阻 | |
| 牌照灯灯泡功率 | |
| 转向灯灯泡功率 | |
| 近光灯灯泡功率 | |
| 远光灯灯泡功率 | |
| 刹车灯灯泡功率 | |
| 倒车灯灯泡功率 | |

# /活动三/ 汽车大灯开关的检测与更换

拆卸拨杆式大灯开关步骤如图 3-12 所示。

熄火。停止油泵的工作,避免火上浇油。考虑电子门锁和电子手刹,所以一定要在确定解锁和拉住手刹后关闭电门

①关闭点火开关。

②断开蓄电池的负极。

③拆卸转向盘巡航开关饰板。

④拆卸安全气囊组件固定螺丝。

⑤取下安全气囊组件。

⑥拆卸气囊控制端线束插头。

⑦拆卸方向盘固定螺丝。

⑧取下方向盘。

⑨取下上下饰板。

⑩取下螺旋电缆电插头。

⑪取下螺旋电缆。

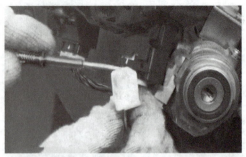

⑫取下大灯开关线束电插头。

⑬取下大灯组合开关卡扣。

⑭取下大灯组合开关。

图 3-12　拆卸拨杆式大灯开关的步骤

☆ 提示

拆卸大灯组合开关之前,首先要断开蓄电池。

【拓展学习】

日产天籁的自动灯光系统的工作原理是灯光组合开关把信号传送给车身电脑,车身电脑通过 CAN 线将信号传送给发动机电源分配模块,发动机电源分配模块控制相应的继电器和保险丝来点亮相应的灯光,如图 3-13 所示,其中输入的信号有灯光组合开关和光学传感器。

①断开车身电脑 BCM 电插头和灯光组合开关电插头,按照图 3-14 提示检查灯光组合开关到车身电脑之间的线路是否存在断路故障。

②断开车身电脑 BCM 电插头和灯光组合开关电插头,按照图 3-15 提示检查灯光组合开关到车身电脑之间的线路是否存在短路故障。

如果检测结果不符合标准,应更换灯光组合开关到车身电脑之间的线束。

③光学传感器的检查。断开车身电脑 BCM 电插头和光学传感器电插头,按照图 3-16 提示对光学传感器及线路进行检查。

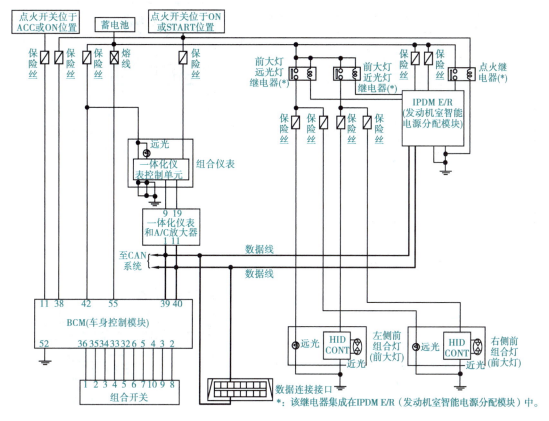

图 3-13　日产天籁的自动灯光系统

| 可疑系统 | 端口 | | | | 是否导通 |
|---|---|---|---|---|---|
| | BCM | | 组合开关 | | |
| | 接头 | 端口（电线颜色） | 接头 | 端口（电线颜色） | |
| 1 | M3 | 输入端1　6(R/W) | M27 | 6(R/W) | 是 |
| | | 输出端1　36(G/W) | | 1(G/W) | |
| 2 | | 输入端2　5(Y/B) | | 7(Y/B) | |
| | | 输出端2　35(G/B) | | 2(G/B) | |
| 3 | | 输入端3　4(R) | | 10(R) | |
| | | 输出端3　34(L/W) | | 3(L/W) | |
| 4 | | 输入端4　3(R/Y) | | 9(R/Y) | |
| | | 输出端4　33(G/Y) | | 4(G/Y) | |
| 5 | | 输入端5　2(BR) | | 8(BR) | |
| | | 输出端5　32(LG/B) | | 5(LG/B) | |

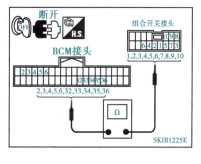

图 3-14　日产天籁的灯光组合开关与车身电脑之间的线路断路检查

如果检测结果不符合标准，应更换光学传感器。

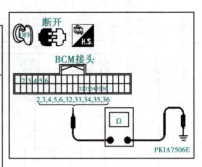

| 可疑系统 | 端口 | | | 是否导通 |
|---|---|---|---|---|
| | BCM | | | |
| | 接头 | 端口(电线颜色) | | |
| 1 | M3 | 输入端1 | 6(R/W) | 接地 |
| | | 输出端1 | 36(G/W) | |
| 2 | | 输入端2 | 5(Y/B) | |
| | | 输出端2 | 35(G/B) | |
| 3 | | 输入端3 | 4(R) | 否 |
| | | 输出端3 | 34(L/W) | |
| 4 | | 输入端4 | 3(R/Y) | |
| | | 输出端4 | 33(G/Y) | |
| 5 | | 输入端5 | 2(BR) | |
| | | 输出端5 | 32(LG/B) | |

图 3-15　日产天籁的灯光开关组合与车身电脑之间的线路短路检查

①将点火开关转到OFF位置。
②断开BCM和光学传感器接头。
③检查BCM线束接头M3端口17(W/B)和光学传感器接头M18
端口1(W/B)之间的导通情况。
　　17(W/B)-1(W/B)：应该导通。
④检查BCM线束接头M3端口17(W/B)和接地之间的导通性。
　　17(W/B)-接地：不应该导通。
<u>正常或异常</u>
正常　»转至3。
异常　»检修BCM和光学传感器之间的线束或接头。

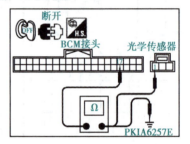

①检查BCM线束接头M3端口14(P/B)和光学传感器接头M18
端口2(P/B)之间的导通情况。
　　14(P/B)-2(P/B)：应该导通。
②检查BCM线束接头M3端口14(P/B)和接地之间的导通情况。
　　14(P/B)-接地：不应该导通。
<u>正常或异常</u>
正常　»转至4。
异常　»检修BCM和光学传感器之间的线束或接头。

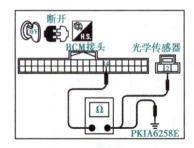

图 3-16　日产天籁光学传感器的检查

## 【课堂作业】

1.汽车自动灯光电路控制原理如图 3-17 所示,请根据提示写出自动灯光不亮的检查思路(用简单的流程图来表示)。

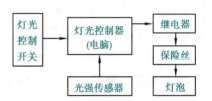

图 3-17　汽车自动灯光电路控制原理

2.结合实训车辆,查阅相关资料回答问题。

| 检查项目 | 填　写 |
|---|---|
| 汽车灯光的类型 | □普通灯光　□自动灯光 |
| 灯光组合开关供电检查 | 写出供电端子的颜色 |
| 左右转向开关的线路检查 | |
| 雾灯开关的线路检查 | |
| 近光灯开关的线路检查 | |
| 远光灯开关的线路检查 | |
| 光学传感器的检查 | |

# ┃活动四┃　汽车大灯总成的更换

## 一、拆卸汽车大灯总成

拆卸汽车大灯总成的步骤如图3-18所示。

## 二、汽车大灯总成照射位置调整

汽车大灯总成照射位置调整的方法有手动调整和电动调整,如图3-19、图3-20所示。

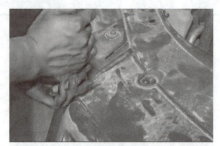

①拆卸前保险杠与水箱框架螺丝。

②拆卸前轮内衬连接螺丝。

③举升车辆拆卸前保险杠固定螺丝。

④拆卸前保险杠连接电插头。

⑤取出前保险杠。

⑥拆卸大灯固定螺丝。

⑦拔下大灯总成电插头。

⑧取下大灯总成。

图 3-18　拆卸汽车大灯总成步骤

图 3-19　手动调整

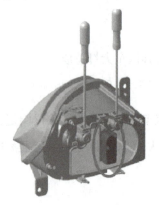

图 3-20　电动调整

有的汽车配备两个可转动的开关,一个是近光调节,另一个是远光调节,如图 3-21 所示。大灯高度可调就是说前大灯有调节灯光照射角度的功能,通过调节大灯照射角度以便获得最佳的照射范围,从而提高汽车行驶的安全性。一般情况下,是不允许自己调整大灯的,根据汽车的相关安全标准,车厂在出厂前已经将灯光调整到最合适的照射范围和高度。

图 3-21　大灯高度调节开关

## 【拓展学习】

调整灯光照射位置的步骤如图 3-22 所示。

①打开引擎盖。

D-U上下高度的调整孔

②找到大灯上下调整孔。

L-R左右位置的调整孔

③找到大灯左右调整孔。

插进左右位置的调整孔内

④使用十字螺丝刀调整。

按照其方向进行调整

⑤光束从右向左、从下向上调整。

光束在从下向上移动

⑥观察光束照射位置的变化。

图 3-22　调整灯光照射位置的步骤

**【课堂作业】**

1.查阅相关资料,写出汽车大灯总成拆卸的主要步骤和注意事项。

① _____

② _____

③ _____

④ _____

列举大灯总成拆装的主要工具:

_____

2.查阅相关资料,写出汽车大灯调整灯光的要求和标准。

① _____

② _____

③ _____

④ _____

# /活动五/ 汽车大灯不亮故障案例分析

**【案例引入】**

车主的汽车是一辆丰田花冠(COROLLA)轿车(普通灯光),使用了将近 6 年,行驶里程已达 118 000 km,车主反映该车的近光灯不亮。

**一、分析汽车近光灯不亮的可能原因,初步判断故障范围**

①近光灯继电器损坏。

②近光灯系统线路故障。

③近光灯开关损坏。

④近光灯保险丝损坏。

⑤近光灯灯泡烧断。

**二、撰写汽车近光灯不亮诊断流程图(图3-23),厘清诊断的思路**

对故障零部件或者线束更换后要进行竣工检查,验证故障是否排除,如果没有排除应进行返修。

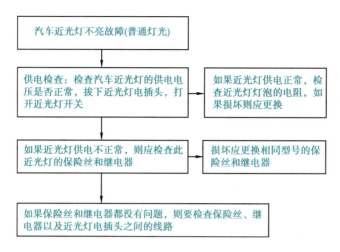

图 3-23　汽车近光灯不亮(普通灯光)诊断流程图

## 【拓展学习】

车主的汽车是一辆丰田花冠(COROLLA)自动挡轿车(自动灯光),车主反映该车的近光灯不亮,其他灯光正常。

汽车自动灯光的诊断思路,如图 3-24 所示。

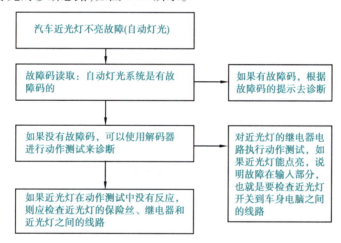

图 3-24　汽车近光灯不亮故障诊断流程图

对故障零部件或者线束进行更换后要进行竣工检查,验证故障是否排除,如果没有排除要进行返修。

**小结:**不同车型的灯光系统控制电路都不相同,进行灯光故障诊断与排除时一定要结合对应车型的特点进行诊断,同时根据故障车型的具体故障来调整诊断的思路,这样才能提高诊断的效率。

## 【课堂作业】

根据汽车近光灯不亮诊断流程图,对汽车灯光系统实施诊断填写过程记录单。

| 学生姓名 | | | | 班　级 | |
|---|---|---|---|---|---|
| 车辆信息 | 车辆型号 | | 里程表/km | | |
| | 车辆识别代码(VIN) | | | | |
| | 发动机型号 | | | | |
| 项目 | | 作业记录提示 | | 填写检测结果或者数据 | |
| ①维修准备 | | 小组分工 | | | |
| ②前期准备 | | 维修工具和检测设备的准备 | | | |
| ③安全检查 | | 油、水、电的检查 | | | |
| ④故障现象确认 | | 观察和记录汽车仪表盘上的报警灯的状态 | | | |
| ⑤确定故障范围 | | 列举故障产生的原因 | | | |
| ⑥基本检查 | | 对故障系统进行基本检查 | | | |
| ⑦部件测试 | | 对被怀疑的部件进行部件测试,须注明元件名称/插接件代码、针脚编号和测量结果 | | | |
| ⑧电路测量 | | 对被怀疑的线路进行测量,须注明插件代码和编号,控制单元针脚代号以及测量结果 | | | |
| ⑨故障部位确认和排除 | | 参考维修手册确认故障点 | | | |
| ⑩维修结果确认 | | 竣工检查并填写维修工单 | | | |
| ⑪现场恢复 | | 5S 管理 | | | |

# /活动六/　汽车转向灯闪烁不正常故障案例分析

## 【案例引入】

车主的汽车是一辆丰田花冠(COROLLA)轿车,使用了将近 6 年,行驶里程已达 118 000 km。车主反映该车的左侧转向灯闪烁频率过快。

## 一、分析汽车近光灯不亮的可能原因,初步判断故障范围

①汽车左侧转向灯泡功率不一致;

②汽车左右电路出现了接触不良或者松动;

③汽车左侧转向灯灯泡搭铁不良。

## 二、撰写汽车转向灯闪烁不正常诊断流程图(图3-25),厘清诊断的思路

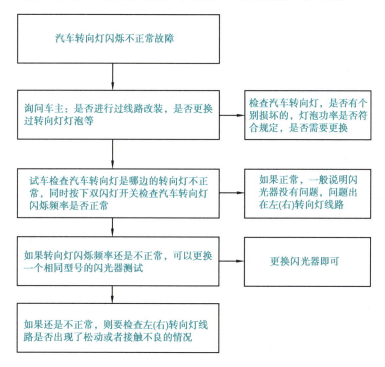

图 3-25 汽车转向灯闪烁不正常故障诊断流程

# /活动七/ 考核评价

【考核要求】

- 汽车灯光系统认知的考核;

- 汽车灯光系统故障诊断能力的考核;

- 5S 管理意识的考核;

- 团队合作能力的考核;

- 口头表达能力的考核。

## 一、汽车灯光系统应会考核内容和评分标准

| 学习任务名称 | | | | 学生姓名和班级 | | | |
|---|---|---|---|---|---|---|---|
| 评价项目 | 评价内容 | 分值 | 评分标准 | | 得分 | 小计分数 | 扣分原因 |
| 专业能力 | 汽车灯光系统零部件位置查找 | 5 | 每漏一项扣1分 | | | | |
| | 汽车大灯总成的更换 | 10 | 操作流程不正确每项扣1分 | | | | |
| | 汽车尾灯总成的更换 | 5 | 操作流程不正确每项扣1分 | | | | |
| | 灯光电路图的认知 | 5 | 根据回答酌情扣分 | | | | |
| | 灯泡的更换 | 5 | 操作不规范每项扣1分 | | | | |
| | 灯光开关的检查 | 5 | 每漏一项扣1分;操作不规范每项扣1分 | | | | |
| | 灯泡好坏判断 | 5 | 不会检测不得分 | | | | |
| | 灯光线路检查 | 10 | 检测的思路不清晰、检测不规范酌情扣分 | | | | |
| | 油、水、电安全检查 | 5 | 每漏一项扣1分 | | | | |
| | 维修前的工量具准备 | 5 | 每漏一项扣1分;操作不规范每项扣1分 | | | | |
| 通用能力 | 能读懂任务书,与客户或维修主管进行有效沟通,记录关键内容,整理客户需求 | 5 | 没有沟通扣2分;沟通不到位扣1分;无记录扣2分 | | | | |
| | 能查阅相关维修资料,获取汽车灯光系统的维修信息 | 5 | 没有查阅扣3分;查阅方法不对扣2分 | | | | |
| | 能从满足客户功能需求、使用价值和企业工作规范、安全性、环保性、成本效益等角度考虑 | 5 | 完全不符合每项扣1分 | | | | |
| | 能及时有效地解决维修过程中的突发问题 | 5 | 完全没有解决扣3分;解决不及时扣2分;无突发问题不扣分 | | | | |
| | 能对已完成的工作进行记录、存档、评价和反馈 | 5 | 无记录扣2分 | | | | |
| | 在维修过程中保持6S、三不落地,完工后对工位进行恢复整理 | 5 | 零件、工具、油水落地每项扣1分;6S整理每漏一项扣1分 | | | | |
| | 表述仪态自然、吐字清晰、思路清晰,且与实际相符 | 5 | 仪态不自然、吐字不清、思路不清晰每项扣1分;表述与实际不符扣1分 | | | | |
| | 分工明确,团队合作融洽 | 5 | 分工不明确扣2分;团队合作不融洽扣2分 | | | | |
| 总　分 | | | | | | | |

## 二、汽车灯光系统专业知识考核

1.汽车大灯光线需要遮挡的是(　　　)。

　　A.近光灯　　　　　　B.远光灯

2.汽车大灯放在焦点上的是(　　　)。

　　A.近光灯　　　　　　B.远光灯

3.汽车大灯的灯泡功率一般为(　　　)。

　　A.45～60 W　　　　B.21 W　　　　　　　C.8～10 W

4.汽车转向灯的灯泡功率一般为(　　　)。

　　A.45～60 W　　　　B.21 W　　　　　　　C.8～10 W

5.汽车牌照灯的灯泡功率一般为(　　　)。

　　A.45～60 W　　　　B.21 W　　　　　　　C.8～10 W

6.汽车自动灯光工作(　　　)光强传感器。

　　A. 需要　　　　　　B.不需要

7.开近光灯时,汽车仪表盘(　　　)近光指示灯。

　　A.有　　　　　　　B.没有

8.氙气大灯的工作电压是(　　　)。

　　A.低压电　　　　　B.高压电

9.测量汽车大灯继电器线圈的电阻,使用欧姆挡(　　　)。

　　A.200 Ω　　　　　B.20 kΩ

10.普通汽车大灯近光灯灯泡的电阻一般(　　　)。

　　A.小于 1 Ω　　　　B.大于 1 Ω

**本任务学习总结:**

_____

_____

_____

_____

**本任务学习心得:**

_____

_____

_____

_____

# 任务四 | 汽车雨刮系统的故障诊断与排除

**任务目标**

- 能正确操作点火开关,检查汽车雨刮系统工作是否正常;
- 通过查阅维修手册,能找出汽车雨刮系统各零部件的具体位置;
- 通过查阅维修手册,能对汽车雨刮系统各零部件或者总成进行检查;
- 能规范实施汽车雨刮系统各零部件或者总成拆装与更换;
- 能对汽车雨刮系统的线路进行检修;
- 能对汽车雨刮系统进行竣工检查,确认故障是否排除。

# 活动一 汽车雨刮系统电路图识读

## 【情景引入】

维修前台接到客户张先生电话,反映汽车雨刮系统出现故障,影响他的行驶安全。请你查看维修手册,在规定的时间内完成对汽车雨刮系统进行排查,找出故障点,完成检修后交付班长验收。

### 一、简单汽车雨刮系统电路图

简单汽车雨刮系统只有低速挡、高速挡和复位挡,如图 4-1 所示。其控制原理如下:

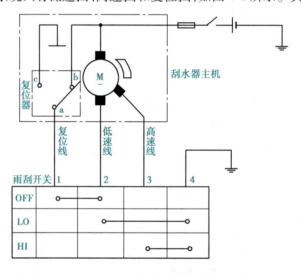

图 4-1　简单汽车雨刮电路图

1.雨刮低速挡电路

蓄电池+→点火开关→雨刮系统保险丝→雨刮电机低速挡端子→雨刮开关低速挡→搭铁。

2.雨刮高速挡电路

蓄电池+→点火开关→雨刮系统保险丝→雨刮电机高速挡端子→雨刮开关高速挡→搭铁。

3.雨刮复位挡电路

当关闭雨刮时,雨刮片还处在前挡风玻璃的下方,此时雨刮电动机将继续运转,直到雨刮片复位为止。

雨刮复位挡电路控制原理:蓄电池+→点火开关→雨刮系统保险丝→雨刮电机低速挡端

子→雨刮开关 OFF 挡→雨刮电机复位装置→搭铁。

### 二、继电器控制的间歇雨刮系统电路图

带间歇挡的汽车雨刮电路图,如图 4-2 所示,和简单的汽车雨刮电路图不一样的是多了一个雨刮继电器,这个继电器中有一对常闭触点和一对常开触点,常闭触点的作用是使汽车雨刮片复位;常开触点的作用是实现雨刮的间歇挡,继电器线圈通电使得常闭触点打开,打开的时间就是雨刮间歇挡间歇的时间。

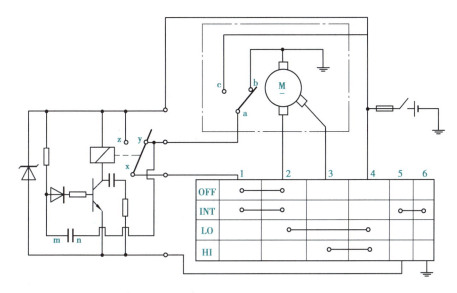

图 4-2　带间歇挡的汽车雨刮电路图

当汽车雨刮片复位时,雨刮电动机内部的触点 a,b 是闭合的;当汽车雨刮片没有复位时,雨刮电动机内部的触点 a,c 是闭合的。

## 【拓展学习】

### 一、丰田卡罗拉汽车雨刮控制电路图

丰田卡罗拉汽车雨刮控制电路图,如图 4-3 所示。其控制原理是雨刮开关控制雨刮电动机,雨刮电动机内部有 3 个电刷,可以自我实现低速挡和高速挡;雨刮电动机内部有复位装置,只要关闭雨刮开关雨刮电动机可以继续运转来完成雨刮片的复位(停放在汽车前挡风玻璃下方);雨刮的间歇挡是靠雨刮继电器或者雨刮控制模块来实现的,雨刮间歇挡的电路其实是雨刮电动机低速运转的电路,间歇的时间由雨刮继电器来控制,有些车型的雨刮间歇时间是可以调整的;雨刮的喷水功能是由洗涤泵来完成的,喷水的同时雨刮片以低速运转。

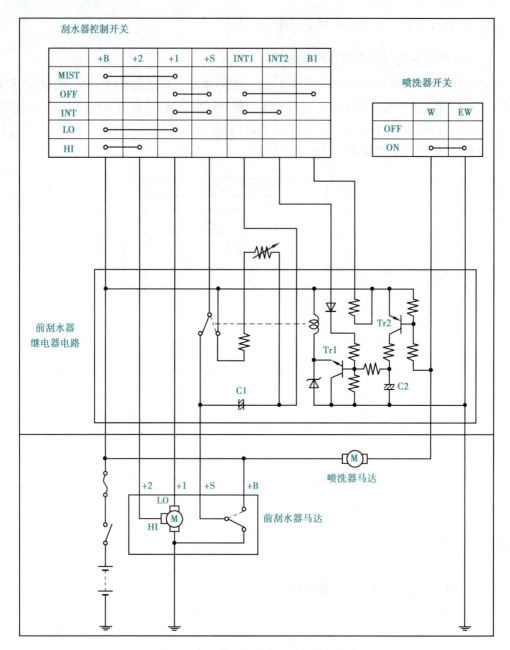

图 4-3　丰田卡罗拉汽车雨刮控制电路图

## 二、丰田卡罗拉汽车雨刮控制电路的工作原理

### 1.雨刮低速挡电路

刮水器控制开关:+B 是电源端子;+2 是高速挡端子;+1 是低速挡端子;INT 是间歇挡端子。

蓄电池+→点火开关→雨刮系统保险丝→雨刮开关+B 端子→雨刮开关+1 端子→雨刮电动机+1 端子→雨刮电机→搭铁。

2.雨刮喷水挡电路

蓄电池+→点火开关→雨刮系统保险丝→喷水器马达→喷水器开关 W 端子→喷水器开关 E 端子→搭铁。雨刮喷水的同时以低速挡运转。

3.雨刮复位挡电路

刮水器马达:+2 是高速挡端子;+1 是低速挡端子;+B 是电源端子;+S 是复位端子。

蓄电池+→点火开关→雨刮系统保险丝→雨刮电动机+B 端子→雨刮电动机+S 端子→间歇继电器内部常闭开关→雨刮开关+S 端子→雨刮开关+1 端子→雨刮电动机+1 端子→雨刮电机→搭铁,雨刮电动机低速运转复位。

雨刮间歇挡是靠雨刮继电器来完成的,利用电容充放电的原理来控制雨刮继电器内部的常闭开关打开的时间,常闭开关打开的时间即为雨刮间歇挡间歇的时间,有些雨刮系统间歇的时间是可以调整的,雨刮开关上有调整开关。

## 【课堂作业】

1.根据实训车辆,查找雨刮系统零部件的位置。

| 检测项目 | 图例 | 位置描述 |
|---|---|---|
| 点火开关 |  | |
| 雨刮继电器 |  | |
| 雨刮电机总成 |  | |
| 雨刮开关 | 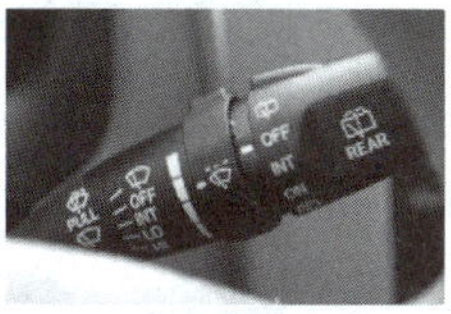 | |
| 雨刮片和雨刮臂 |  | |

2.查找相关资料,回答问题。

(1)标出丰田卡罗拉雨刮电动机5个端子的名称和位置,如图4-4所示。

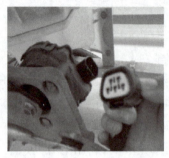

图4-4　雨刮电动机插电头

(2)简述汽车雨刮电动机内部3个电刷的作用。

# /活动二/　汽车雨刮开关的检测与更换

## 一、雨刮开关的更换

雨刮开关的更换步骤如图4-5所示。

①拆卸转向盘巡航开关饰板。

②拆卸安全气囊组件固定螺丝。

③取下安全气囊组件。

④拆卸气囊控制端线束插头。

⑤拆卸转向盘固定螺丝。

⑥取下转向盘。

⑦取下上下饰板。

⑧取下螺旋电缆电插头。

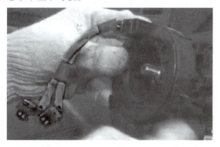
⑨取下螺旋电缆。

⑩取下雨刮开关电插头。

⑪取下雨刮开关。

图4-5　雨刮开关的更换步骤

☆ 提示

拆卸前,一定要先断开蓄电池负极,以防触动安全气囊。

### 二、雨刮开关导通性的检查

根据本田雅阁雨刮开关结构提示(图 4-6),使用万用表欧姆挡检测各个挡位的导通性,标准值小于 1 Ω 为正常。

| 位置　　　端子 | 5 | 4 | 9 | 3 | 12 | 10 | 1 | | 12 |
|---|---|---|---|---|---|---|---|---|---|
| OFF | | | | ●—● | | | | | |
| INT | ●—● | | | ●—● | | | | | |
| LO | ●—● | | | | | | | | |
| HI | | ●—● | | | | | | | |
| 雾气开关ON | | ●———●| | | | | | | |
| 洗涤器开关ON | ●———————————● | | | | | | | | |
| 间歇停止时间控制器变换 | | | | | | | ●—〜〜〜— 0~30 kΩ —● | | |

图 4-6　本田雅阁雨刮开关

| 检测项目 | 检测方法 | 检测标准 |
|---|---|---|
| OFF | 3 号和 12 号端子之间电阻 | <1 Ω |
| INT | 3 号和 12 号端子之间电阻<br>4 号和 5 号端子之间电阻 | <1 Ω |
| LO | 4 号和 5 号端子之间电阻 | <1 Ω |
| HI | 4 号和 9 号端子之间电阻 | <1 Ω |
| 雾气开关 ON | 3 号和 4 号端子之间电阻 | <1 Ω |
| 洗涤器开关 ON | 5 号和 10 号端子之间电阻 | <1 Ω |
| 间歇停止时间控制器电阻 | 1 号和 12 号端子之间电阻 | 标准值在 0~30 kΩ 连续变化 |

【拓展学习】

### 一、自动雨刮电路图

日产天籁雨刮电路图,如图 4-7 所示。自动雨刮的控制原理:雨刮组合开关把信号传送给车身电脑 BCM,车身电脑 BCM 通过 CAN 网络系统将信号传输给发动机电源分配模块,用发动机电源分配模块来控制雨刮继电器工作,从而实现低速挡、高速挡等。

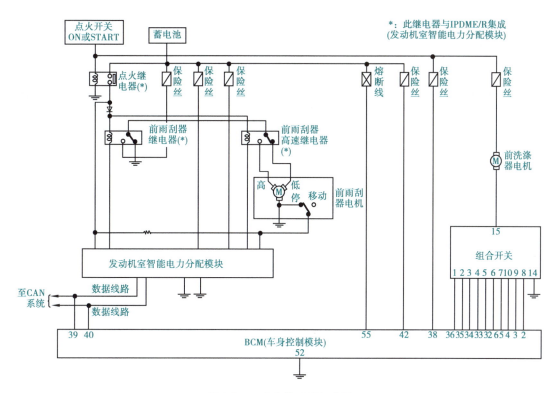

图 4-7 日产天籁雨刮电路图

## 二、车身电脑与雨刮开关之间线路认知与检查

由日产天籁雨刮电路图知,车身电脑 BCM 的供电端子有 3 个,分别是 38 号、42 号和 55 号端子。使用万用表直流电压挡测量这 3 个端子对蓄电池负极的电压应为蓄电池电压,如图 4-8 所示。测量车身电脑 BCM 的搭铁端子搭铁是否良好,使用万用表欧姆挡测量 52 号端子与蓄电池负极之间的电阻,小于 1 Ω 为正常,如图 4-9 所示。

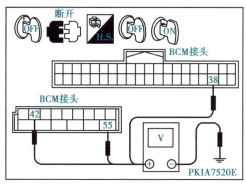

图 4-8 车身电脑 BCM 供电电压的检测

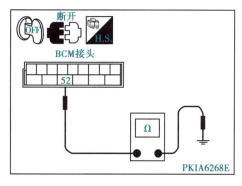

图 4-9 车身电脑 BCM 搭铁的检测

【课堂作业】

1.查找一种车型的维修手册,检查雨刮开关的好坏。

| 挡位 | 导通性(端子之间) | 好坏判断 |
|---|---|---|
| OFF | | |
| INT | | |
| LO | | |
| HI | | |
| MIST | | |

2.查找一种车型(自动雨刮)的维修手册,回答问题。

(1)画出实训车辆自动雨刮开关端子位置图,并标明雨刮开关各挡位端子的功能。

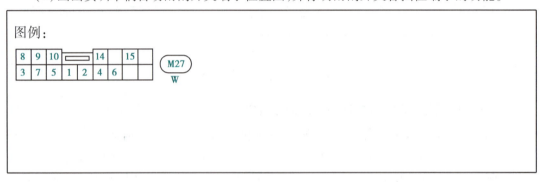

(2)画出实训车辆自动雨刮开关与车身电脑的连接电路图,并标出车身电脑的供电端子和搭铁端子。

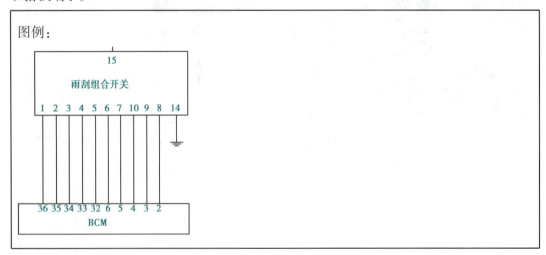

（3）检查雨刮开关与车身电脑之间的线路。

| 检查项目 | 检查数据 | 好坏判断 |
|---|---|---|
| 车身电脑供电的检查 | | |
| 低速挡端子与车身电脑之间线路的检查 | | |
| 高速挡端子与车身电脑之间线路的检查 | | |

## 活动三 汽车雨刮电动机的检测与更换

### 一、汽车雨刮电动机测试

拔下雨刮电动机五芯电插头，如图4-10所示，按照提示给其中的两个端子通电，检查雨刮电动机的运转情况，如果雨刮电动机运转不正常，应更换雨刮电动机。

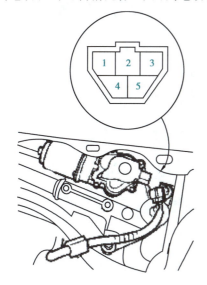

| 检查项目 | 检查方法 |
|---|---|
| 电动机低速运转 | 蓄电池正极接2号端子，3号端子搭铁 |
| 电动机高速运转 | 蓄电池正极接2号端子，5号端子搭铁 |

图4-10 雨刮电动机五芯电插头

### 二、洗涤电动机测试

拔下洗涤电动机两芯电插头，如图4-11所示，按照提示给其中的两个端子通电，检查洗涤电动机的运转情况，如果洗涤电动机运转不正常，应更换洗涤电动机。

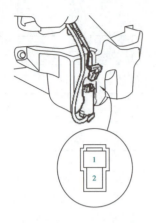

| 检查项目 | 检查方法 |
|---|---|
| 电动机运转情况 | 蓄电池正极接 1 号端子，2 号端子搭铁 |

图 4-11　洗涤电动机两芯电插头

### 三、雨刮电机总成的更换

雨刮电机总成的更换步骤，如图 4-12 所示。

①拆卸雨刮臂固定螺丝。

②取下雨刮臂。

③拆卸密封件。

④拆卸挡风玻璃装饰板卡扣。

⑤取下挡风玻璃装饰板。

⑥断开雨刮电机电插头。

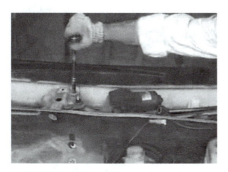

⑦拆卸连杆机构固定螺丝。

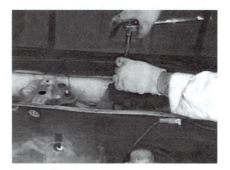

⑧拆卸雨刮电机固定螺丝。

⑨取出雨刮电机和连杆机构。

图 4-12 雨刮电机总成的更换步骤

☆ 提示

拆卸之前请关闭点火开关。

【拓展学习】

汽车自动雨刮就是感应雨刷,基本原理是通过感应器控制汽车雨刮器。目前应用较广的两种主流传感器分别是光学式传感器和电容式传感器。

1.光学式传感器

光学式传感器是根据光的折射原理工作的。在光学式传感器中有一个发光二极管,此二极管发出一束锥形光线,这束光穿过前挡风玻璃。当挡风玻璃上没有雨水处于干燥状态时,几乎所有的光都会反射到一个光学传感器上;当下雨时,挡风玻璃上会存有雨水,一部分光线就会偏离,这就造成了传感器接收到光的总量的变化,从而检测到雨水的存在。光学式传感器能够接收反射光的面积越大,得到的信息就越详细。光学式传感器十分精确,甚至能准确地判断出落在被感应区域上的雨点数目。

2.电容式传感器

电容式传感器主要是利用水和玻璃的介电常数的巨大差异设计的,其中水的介电常数为80,玻璃的介电常数为2。通常的做法是把两条呈平行状态的指状金属极板放入挡风玻璃的内、外层之间,一组指状金属极板相交错,但是并不触及其他指状金属极板。当挡风玻璃处于干燥状态时,挡风玻璃外表面和每组指状金属极板之间就形成了电介质。当挡风玻璃变湿时,根据与挡风玻璃接触的水量的不同,挡风玻璃的介电常数发生不同的变化。如果把传感器安装在挡风玻璃的表面上或者紧贴在挡风玻璃的下表面,这对传感器的工作是有利的,因为这样的安装能使传感器发挥其最佳灵敏度;不利的是,把电容式传感器安装在挡风玻璃的外表面上会产生与阻力传感器同样的问题,其金属镀层在雨刷的长期工作下会很快从挡风玻璃上刮掉。

## 【课堂作业】

1.雨刮电机的检查。

| 检查项目 | 检查方法 | 检查结果 |
|---|---|---|
| 雨刮电机低速通电测试 | | |
| 雨刮电机高速通电测试 | | |

2.洗涤泵的检查。

| 检查项目 | 检查结果 | 好坏判断 |
|---|---|---|
| 工作电压检查 | | |
| 洗涤泵电阻测量 | | |
| 洗涤泵通电测试 | | |

3.写出汽车自动雨刮雨滴传感器的安装位置,如图4-13所示,并查找维修手册写出雨刮传感器的工作电压和反馈电压参数。

图4-13　自动雨刮雨滴传感器

| 自动雨刮雨滴传感器 | 描述/参数 |
|---|---|
| 安装位置 | |
| 工作电压 | |
| 反馈电压 | |

4.参考图4-14所示的日产天籁雨刮电路图,完成雨刮电动机与雨刮继电器之间线路的检查。

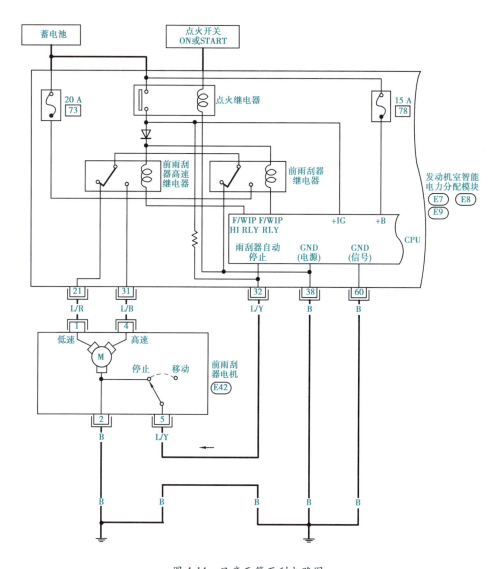

图 4-14　日产天籁雨刮电路图

根据日产天籁雨刮电路图的提示,检查下表中的项目并填写。

| 检查项目 | 检查结果 | 处理意见 |
|---|---|---|
| 雨刮继电器动作测试 | □动作　□不动作 | |
| 雨刮继电器通电试验 | □良好　□损坏 | |
| 雨刮电动机低速挡端子与雨刮继电器之间线路测量 | □导通　□不导通 | |
| 雨刮电动机高速挡端子与雨刮继电器之间线路测量 | □导通　□不导通 | |

# /活动四/ 汽车雨刮不工作故障案例分析

【案例引入】

车主的汽车是一辆日产天籁轿车,车主反映雨刮突然不能工作,任何挡位都没有。

**一、分析汽车雨刮不工作的可能原因,初步判断故障范围**

根据车主的车辆信息查找维修手册,得出了该车雨刮不工作基本的故障点主要有以下几点:

①雨刮电动机损坏。

②雨刮系统线路故障。

③车身电脑通信故障。

④发动机舱电源分配模块故障。

⑤雨刮开关损坏。

**二、撰写汽车雨刮不工作诊断流程图(图4-15),厘清诊断的思路**

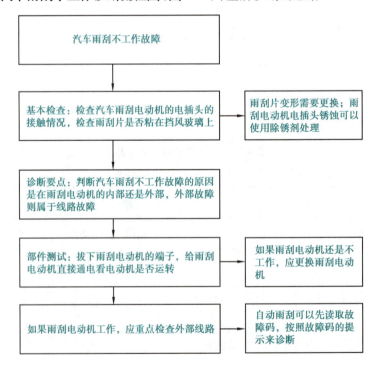

图4-15 汽车雨刮不工作诊断流程图

## 【拓展学习】

### 读取故障码——以 KT600 解码器的使用为例

#### 一、KT600 解码器功能介绍

KT600 解码器功能包括汽车诊断功能、系统设置功能、示波分析功能及辅助功能。

#### 二、汽车诊断功能

以发动机故障码读取方法为例,读取发动机故障码。

**1.选择车系车型**

选择车系车型,如图 4-16 和图 4-17 所示。

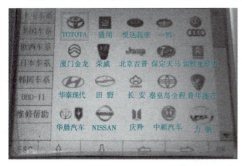

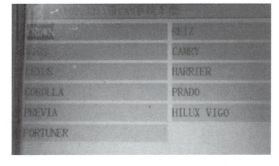

图 4-16　车系选择　　　　　　图 4-17　车型选择

**2.选择诊断系统**

这里选择发动机系统,读取故障码时要根据诊断的需求选择不同的诊断系统,如图 4-18 所示。

**3.选择读取故障码**

这里选择读取发动机的故障码,故障码包括历史故障码和当前故障码,可以使用清除故障码的功能清除历史故障码,如图 4-19 所示。

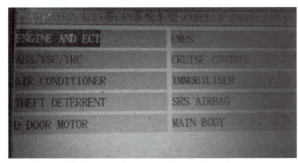

图 4-18　选择诊断系统　　　　　图 4-19　选择读取故障码

4.解读故障码

读出的故障码为车身传感器故障,读到故障码后就应对该传感器进行检测,查找维修手册,根据维修手册提供的参数来判断故障位置,如图4-20所示。

图4-20　解读故障码

## 【课堂作业】

1.使用解码器对汽车自动雨刮系统进行故障码读取。

(1)根据诊断车辆选择车系车型。

_____

_____

(2)选择诊断的系统。

_____

_____

(3)读取的故障码。

_____

_____

(4)如果故障码提示汽车雨刮雨滴传感器损坏,请查阅维修手册查找其参数。

| 自动雨刮雨滴传感器 | 描述/参数 |
|---|---|
| 安装位置 | |
| 工作电压 | |
| 反馈电压 | |

检测过程记录:

| 自动雨刮雨滴传感器 | 检测数据 | 好坏判断 |
|---|---|---|
| 工作电压 | | |
| 反馈电压(不工作时) | | |
| 反馈电压(工作时) | | |

（5）如果故障码提示汽车雨刮开关及线路损坏,请查阅维修手册查找其参数。

| 雨刮开关 | 标准数据 |
|---|---|
| 低速挡开关信号电压 | |
| 高速挡开关信号电压 | |

检测过程记录:

| 雨刮开关 | 检测数据 | 故障点判断 |
|---|---|---|
| 低速挡开关信号电压 | | |
| 高速挡开关信号电压 | | |

2.根据汽车雨刮不工作诊断流程图,对汽车雨刮系统实施诊断,填写过程记录单。

| 学生姓名 | | 班　级 | |
|---|---|---|---|
| 车辆信息 | 车辆型号 | 里程表/km | |
| | 车辆识别代码(VIN) | | |
| | 发动机型号 | | |

| 项　目 | 作业记录提示 | 填写检测结果或者数据 |
|---|---|---|
| ①维修准备 | 小组分工 | |
| ②前期准备 | 维修工具和检测设备的准备 | |
| ③安全检查 | 油、水、电的检查 | |
| ④故障现象确认 | 观察和记录汽车仪表盘上的报警灯的状态 | |
| ⑤确定故障范围 | 列举故障产生的原因 | |
| ⑥基本检查 | 对故障系统进行基本检查 | |
| ⑦部件测试 | 对被怀疑的部件进行部件测试,须注明元件名称/插接件代码、针脚编号和测量结果 | |
| ⑧电路测量 | 对被怀疑的线路进行测量,须注明插件代码和编号,控制单元针脚代号以及测量结果 | |
| ⑨故障部位确认和排除 | 参考维修手册确认故障点 | |
| ⑩维修结果确认 | 竣工检查并填写维修工单 | |
| ⑪现场恢复 | 5S 管理 | |

# / 活动五 / 考核评价

## 【考核要求】

- 汽车雨刮系统认知的考核；
- 汽车雨刮系统故障诊断能力的考核；
- 5S 管理意识的考核；
- 团队合作能力的考核；
- 口头表达能力的考核。

### 一、雨刮系统应会考核内容和评分标准

| 学习任务名称 | | | 学生姓名和班级 | | | | |
|---|---|---|---|---|---|---|---|
| 评价项目 | 评价内容 | 分值 | 评分标准 | | 得分 | 小计分数 | 扣分原因 |
| 专业能力 | 汽车雨刮系统零部件位置查找 | 5 | 根据回答酌情扣分 | | | | |
| | 雨刮片的更换 | 5 | 操作不规范不得分 | | | | |
| | 雨刮系统电路图认知 | 5 | 根据回答酌情扣分 | | | | |
| | 雨刮系统线路的检查 | 10 | 根据检查的正确性和规范性酌情扣分 | | | | |
| | 雨刮控制器的更换 | 5 | 流程不正确每项扣 1 分 | | | | |
| | 雨刮总成的更换 | 10 | 每漏一项扣 1 分；操作不规范每项扣 1 分 | | | | |
| | 雨刮电机端子电压测量 | 5 | 操作不规范每项扣 1 分 | | | | |
| | 雨刮开关的更换 | 5 | 每漏一项扣 1 分；操作不规范每项扣 1 分 | | | | |
| | 油、水、电安全检查 | 5 | 每漏一项扣 1 分 | | | | |
| | 维修前的工量具准备 | 5 | 每漏一项扣 1 分；操作不规范每项扣 1 分 | | | | |

续表

| 评价项目 | 评价内容 | 分值 | 评分标准 | 得分 | 小计分数 | 扣分原因 |
|---|---|---|---|---|---|---|
| 通用能力 | 能读懂任务书,与客户或维修主管进行有效沟通,记录关键内容,整理客户需求 | 5 | 没有沟通扣2分;沟通不到位扣1分;无记录扣2分 | | | |
| | 能查阅相关维修资料,获取相关的维修信息 | 5 | 没有查阅扣3分,查阅方法不对扣2分 | | | |
| | 能从满足客户功能需求、使用价值和企业工作规范、安全性、环保性、成本效益等角度考虑 | 5 | 完全不符合每项扣1分 | | | |
| | 能及时有效地解决维修过程中的突发问题 | 5 | 完全没有解决扣3分;解决不及时扣2分;无突发问题不扣分 | | | |
| | 能对已完成的工作进行记录、存档、评价和反馈 | 5 | 无记录扣2分 | | | |
| | 在维修过程中保持6S、三不落地,完工后对工位进行恢复整理 | 5 | 零件、工具、油水落地每项扣1分;6S整理每漏一项扣1分 | | | |
| | 表述仪态自然、吐字清晰、思路清晰,且与实际相符 | 5 | 仪态不自然、吐字不清、思路不清晰每项扣1分;表述与实际不符扣1分 | | | |
| | 分工明确,团队合作融洽 | 5 | 分工不明确扣2分;团队合作不融洽扣2分 | | | |
| 总　分 | | | | | | |

## 二、雨刮系统专业知识理论考核

1.开汽车雨刮(　　)打开点火开关。

　　A.需要　　　　　　　　　B.不需要

2.汽车雨刮片不能正常复位的原因是(　　)。

　　A.保险丝烧断　　　　　　B.安装不到位

3.汽车雨刮只是没有间歇挡,其他挡位正常,可能的原因是(　　)。

　　A.雨刮电动机损坏　　　　B.雨刮继电器损坏

4.汽车自动雨刮需要(　　)传感器。

　　A.水温　　　　　　　　　B.雨滴

5.汽车雨刮的电动机是(　　)。

　　A.直流电机　　　　　　　B.交流电机

6.汽车雨刮电动机内部电刷有(　　)。

　　A.2个　　　　　　　　　B.3个　　　　　　　　C.4个

7.汽车雨刮电动机一般是(　　)电动机。

  A.永磁　　　　　　　　　　B.励磁

8.汽车雨刮间歇挡一般用在(　　)的场合。

  A.毛毛雨　　　　　　　　　B.大雨

9.汽车雨刮电动机低速电刷损坏会导致雨刮(　　)。

  A.所有挡位都不工作　　　B.只有高速挡

10.当气温比较低时,在使用雨刮时(　　)检查雨刮片是否被冻住。

  A.不需要　　　　　　　　　B.需要

## 本任务学习总结:

_____

_____

_____

_____

## 本任务学习心得:

_____

_____

_____

_____

# 任务五 | 汽车电动车窗系统的故障诊断与排除

**任务目标**

- 能正确操作电动车窗开关,检查电动车窗功能是否正常;
- 通过查阅保养手册或维修手册,能找出电动车窗系统各零部件或者总成的位置;
- 通过查阅保养手册或维修手册,能列举出电动车窗系统各零部件或者总成拆装的步骤及注意事项;
- 能规范实施电动车窗系统各零部件或者总成的拆装与更换;
- 能对汽车电动车窗系统的线路进行检修;
- 能对汽车电动车窗系统进行竣工检查,确认故障是否排除。

**【情景引入】**

维修前台接到客户张先生电话,反映汽车电动车窗系统出现故障,右前电动车窗不能正常工作。请你查看维修手册,在规定的时间内完成对电动车窗系统的排查,找出故障点,完成检修后交付班长验收。

# 活动一 汽车电动车窗系统电路图识读

### 一、丰田卡罗拉电动车窗的工作原理

丰田卡罗拉电动车窗控制电路图如图 5-1 所示。

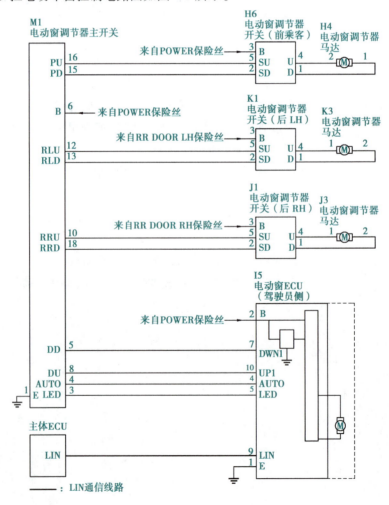

图 5-1　丰田卡罗拉电动车窗控制电路图

其中：

LED——电动车窗开关上的指示灯。

AUTO——电动车窗具有点动功能。

UP——电动车窗上升控制键。

DOWN——电动车窗下降控制键。

LIN——电动车窗控制模块通信线。

电动车窗由主控开关和分控开关分别控制电动车窗的升降,其工作过程如下:

1.主控开关控制升降电路路径

对于右前车窗的乘客,当抬起右前车窗控制开关时:蓄电池+→电动车窗保险丝→主控开关PU→ 分控开关SU→内部常闭触点→分控开关U→电动车窗电机1→电动车窗电机2→分控开关D→内部常闭触点→分控开关SD→主控开关PD→主控开关搭铁。此时可以实现右前车窗的上升控制。

当按下右前车窗控制开关时:蓄电池+→电动车窗保险丝→主控开关PD→ 分控开关SD→内部常闭触点→分控开关D→电动车窗电机2→电动车窗电机1→分控开关U→内部常闭触点→分控开关SU→主控开关PU→主控开关搭铁。此时可以实现右前车窗的下降控制。

2.分控开关控制升降电路路径

对于右前车窗的乘客,当抬起右前车窗控制开关时:蓄电池+→电动车窗保险丝→分控开关B→分控开关U→电动车窗电机1→电动车窗电机2→分控开关D→内部常闭触点→分控开关SD→主控开关PD→主控开关搭铁。此时可以实现右前车窗的上升控制。

对于右前车窗的乘客,当按下右前车窗控制开关时:蓄电池+→电动车窗保险丝→分控开关B→分控开关D→电动车窗电机2→电动车窗电机1→分控开关U→内部常闭触点→分控开关SU→主控开关PU→主控开关搭铁。此时可以实现右前车窗的下降控制。

**二、驾驶员侧电动车窗升降电路路径**

驾驶员侧电动车窗升降的控制原理是主控开关把升降的信号传给驾驶员侧电动机控制电脑,电动机控制玻璃升降器的上升和下降。

【拓展学习】

本田雅阁电动车窗电路图如图5-2所示,驾驶员侧电动车窗电路是单独控制的,乘客侧电动车窗和主控开关是串联的,都可以控制电动车窗的升降。本田雅阁电动车窗电路图和丰田卡罗拉电动车窗电路图的不同之处是分控开关。

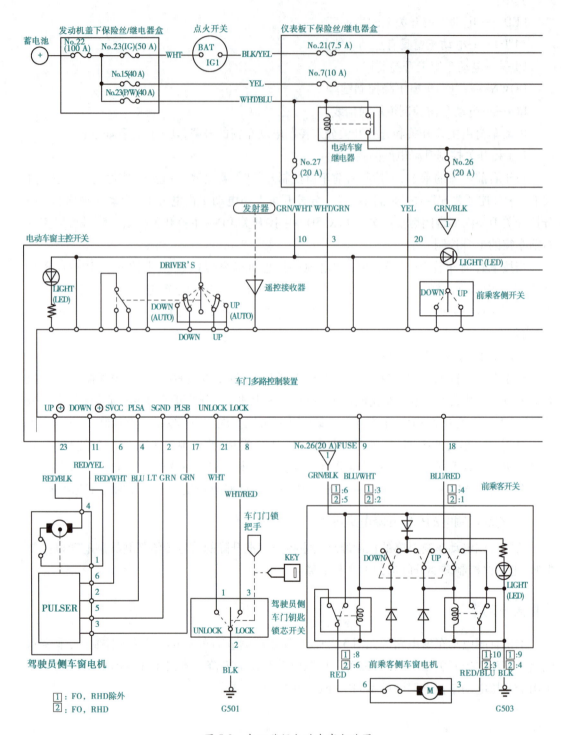

图 5-2　本田雅阁电动车窗电路图

丰田卡罗拉电动车窗分控开关如图5-3所示,内部有常闭触点、常开触点各两对。

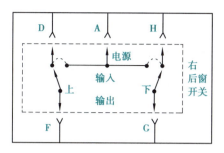

图5-3　丰田卡罗拉电动车窗分控开关

本田雅阁电动车窗分控开关内部是用五脚继电器来控制的,五脚继电器内部有一对常开触点和一对常闭触点。

## 【课堂作业】

1.看图并在括号中写出相应图片的名称及功能。

| | |
|---|---|
| | 名称:(　　　　　　　　　　)<br>1 功能:(　　　);2 功能:(　　　);<br>3 功能:(　　　);4 功能:(　　　);<br>5 功能:(　　　) |
| | 名称:(　　　　　　　　　　)<br>功能: |
| | 名称:(　　　　　　　　　　)<br>功能: |
| | 名称:(　　　　　　　　　　)<br>功能: |

2.根据实训车辆,检查电动车窗功能的好坏并填写检查结果。

| 车型 | 功能检查 | 检查结果 |
|---|---|---|
| | 左前电动车窗(主控开关控制) | |
| | 右前电动车窗(主控开关控制) | |
| | 左后电动车窗(主控开关控制) | |
| | 右后电动车窗(主控开关控制) | |
| | 右前电动车窗(分控开关控制) | |
| | 左后电动车窗(分控开关控制) | |
| | 右后电动车窗(分控开关控制) | |
| | 车窗锁止开关 | |

## / 活动二 / 汽车电动车窗控制开关的检测与更换

### 一、电动车窗主控开关导通性的检查

丰田凯美瑞电动车窗主控开关内部结构如图 5-4 所示,检查的内容及方法见表 5-1。

表 5-1 检查的内容及方法

| 检查项目 | | 检测方法 | 检测标准 |
|---|---|---|---|
| 主控开关导通性检查 | 左前开关 | 每个开关都对应着 3 种状态:DOWN（下）、N（无操作）、UP（上）。在每个状态下检测对应端子的导通性 | 如果开关 3 种状态对应的端子都是导通的,说明开关良好,否则需要更换 |
| | 右前开关 | | |
| | 左后开关 | | |
| | 右后开关 | | |

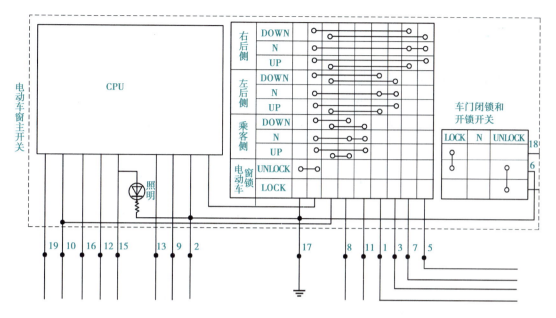

图 5-4　汽车电动车窗主控开关内部结构图

## 二、电动车窗主分控开关导通性的检查

丰田凯美瑞电动车窗分控开关内部结构如图 5-5 所示,检查的内容及方法见表 5-2。

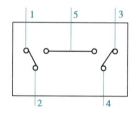

图 5-5　汽车电动车窗分控开关内部结构图

表 5-2　检查的内容及方法

| 检查项目 | | 检查方法和标准 |
| --- | --- | --- |
| 分控开关<br>导通性检查 | UP 开关 | 2 号端子和 5 号端子;3 号端子和<br>4 号端子应导通 |
| | DOWN 开关 | 4 号端子和 5 号端子;1 号端子和<br>2 号端子应导通 |
| | 常闭开关 1 | 3 号端子和 4 号端子应导通 |
| | 常闭开关 2 | 1 号端子和 2 号端子应导通 |

## 【拓展学习】

### 一、电动车窗主控开关供电的检查

丰田卡罗拉电动车窗控制电路图如图5-6所示,电动车窗主控开关的1号端子是搭铁端子,6号端子是供电端子,打开点火开关使用万用表检测1号端子和1号端子之间的电压应为蓄电池电压,否则应检测电动车窗系统的保险丝,如图5-7所示。

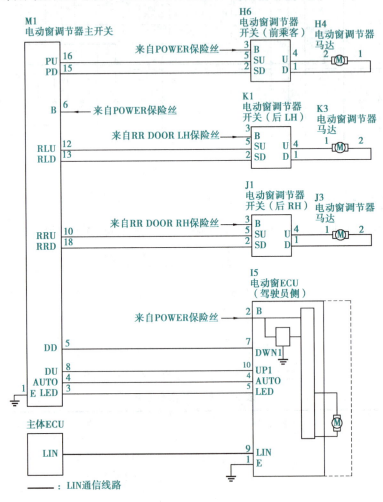

图 5-6　丰田卡罗拉电动车窗控制电路图

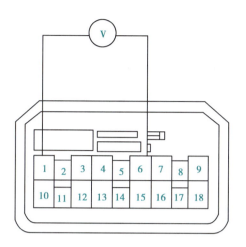

图 5-7　丰田卡罗拉主控开关端子供电检测

## 二、电动车窗分控开关供电的检查

根据丰田卡罗拉电动车窗控制电路图(图 5-8)可知,电动车窗分控开关的 3 号端子是供电端子,打开点火开关使用万用表检测 3 号端子和蓄电池负极之间的电压应为蓄电池电压,否则应检测电动车窗系统的 PSW 继电器和保险丝,如图 5-9 所示。

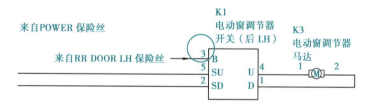

图 5-8　丰田卡罗拉分控开关端子供电检查

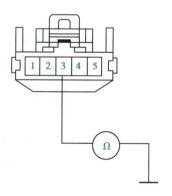

图 5-9　丰田卡罗拉分控开关供电检查

【课堂作业】

1.查找维修手册,检测实训车辆电动车窗主控开关。

| 检查项目 | 检查方法 | 检查结果 |
| --- | --- | --- |
| 主控开关供电的检查 | | |
| 主控开关供电保险丝的检查 | | |

2.查找维修手册,检测实训车辆电动车窗分控开关。

| 检查项目 | 检查方法 | 检查结果 |
| --- | --- | --- |
| 分控开关供电的检查 | | |
| 分控开关供电保险丝的检查 | | |
| 分控开关供电继电器的检查 | | |

3.根据提示,完成电动车窗主控开关的更换(图 5-10 至图 5-12)。

图 5-10　拆卸车窗主控开关固定螺丝

图 5-11　取出电动车窗控制开关总成

图 5-12　拆卸电动车窗控制开关总成线束插头

4.根据提示,完成电动车窗分控开关的更换(图 5-13 至图 5-16)。

图 5-13　使用撬棒拆卸分控开关外壳
（注意不能用力过猛）

图 5-14　拆出后的效果图
（卡子卡住）

图 5-15　拆卸分控开关的电插头

图 5-16　更换新的分控开关

## /活动三/　汽车玻璃升降器的检测与更换

### 一、更换电动车窗升降器

更换电动车窗升降器的步骤如图 5-17 所示。

①拆卸车门内把手固定螺丝。

②拆卸车门内饰板。

③拆卸车门内把手。

④拆卸车门护板支撑架。

⑤拆卸车门保护膜。

⑥让车窗玻璃上升到合适位置。

⑦拆卸玻璃固定螺丝。

⑧断开玻璃升降器线束插头。

⑨拆卸玻璃升降器与车门的固定螺丝。

⑩取下车窗玻璃升降器总成。

图 5-17　更换电动车窗升降器的步骤

☆ 提示

　　拆卸汽车车门内饰板时不要用力过猛。

## 二、电动车窗升降器动作测试

　　进行电动车窗升降器动作测试判断是否需要更换电动车窗电动机。在测试的工作中，如果出现了电动车窗电动机不工作，或者一个方向动作，另一个方向不动作，都需要更换电动车窗电动机。

测试方法:拔下电动车窗升降器电插头,如图 5-18 所示,使用跨接线让蓄电池的正负极分别连接电动车窗升降器电插头中的 1 号和 4 号端子,如果电动车窗升降器能够完成正常的升降动作,说明电动车窗升降器的电动机良好,如图 5-19 所示。

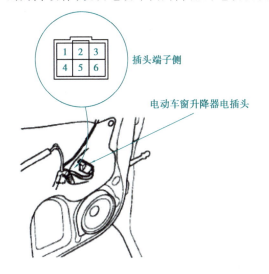

图 5-18 电动车窗电动机电插头

| 方向 | 端子 | |
|:---:|:---:|:---:|
| | 1 | 4 |
| 上 | − | + |
| 下 | + | − |

图 5-19 电动车窗电动机测试方法

【拓展学习】

**一、汽车电动车窗防夹控制原理**

为满足汽车人性化设计的需求,要求电动车窗具有一定的防夹功能。所谓防夹电动窗,就是加装一组电流感应器,由霍尔传感器时刻检测电动机的转速,当电动车窗升起,霍尔传感器检测到电动马达转速减缓时就会向 ECU 报告信息,ECU 向继电器发出指令,电路会让电流反向,使电动机停转或反转(下降),于是车窗也就停止移动或下降,因此,具有一定的防夹功能。防夹电动车窗的原理如图 5-20 所示。

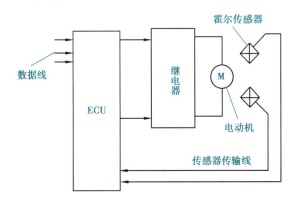

图 5-20 汽车电动车窗防夹控制原理图

## 二、汽车电动车窗防夹功能的检测

普通电动车窗与带防夹功能的电动车窗的区别,如图 5-21 所示。其防夹控制模块接线图如图 5-22 所示。

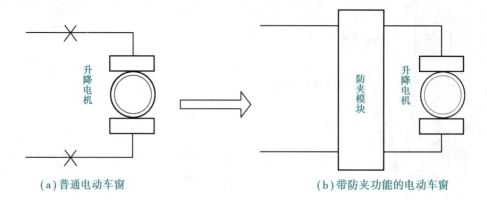

（a）普通电动车窗　　　　　　　　　　（b）带防夹功能的电动车窗

图 5-21　普通汽车电动车窗与带防夹功能电动车窗的区别

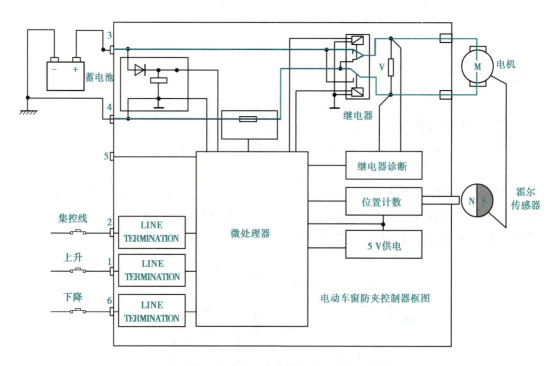

图 5-22　汽车电动车窗防夹控制模块接线图

其中:

1——电动车窗防夹控制模块开关上升信号端子。

2——集控上升信号端子。

3——电动车窗防夹控制模块正极端子。

4——电动车窗防夹控制模块负极端子。

5——可拓展功能端子。

6——电动车窗防夹控制模块开关下降信号端子。

若汽车电动车窗防夹控制模块检测的数据不符合上述标准,则应检查防夹控制模块与控制开关的线路或更换防夹控制模块,如图5-23所示。

汽车电动车窗防夹控制模块的6个端子的作用和工作电压见表5-3。其中3号和4号端子为防夹控制模块的电源端子和搭铁端子;1号和6号端子为防夹控制模块的开关上升信号端子和开关下降信号端子;2号端子的作用是当防夹控制模块接收到中控门锁控制器信号时自动关闭4个车门车窗。

图5-23　汽车电动车窗防夹控制模块实物图

表5-3　端子的作用和工作电压

| 引　脚 | 描　述 | 有效工作电压 | 电压范围 |
|---|---|---|---|
| 1 | 开关上升信号 | 高电平触发 | 10~16 V |
| 2 | 集控上升信号 | 低电平触发 | <500 mV |
| 3 | 电源正 | — | 10~16 V |
| 4 | 电源负 | — | — |
| 5 | 可拓展功能 | — | — |
| 6 | 开关下降信号 | 高电平触发 | 10~16 V |

【课堂作业】

1.请根据实训车辆查阅维修手册,写出更换汽车电动车窗玻璃升降器总成的主要步骤。

_____

_____

_____

_____

2.根据提示对汽车电动车窗防夹电动机总成进行检测,填写检测数据。

| 检测项目 | 检查结果 | 好坏判断 |
|---|---|---|
| 供电电压的检查 | | |
| 上升开关信号检查 | | |
| 下降开关信号检查 | | |
| 遥控上锁信号电压检查 | | |

3.有些电动车窗电动机设有限位开关(图5-24),请查阅相关资料写出限位开关的作用。

图 5-24 电动车窗电动机限位开关实物图

1.作用：_____

2.好坏检查方法：_____

_____

# /活动四/ 汽车电动车窗不工作故障案例分析

## 【案例引入】

车主反映自己的车辆只有驾驶员侧的电动车窗正常升降,乘客侧的电动车窗都不能工作。

### 一、分析汽车电动车窗不工作的可能原因,初步判断故障范围

①电动车窗系统保险丝损坏;

②电动车窗系统供电继电器损坏;

③电动车窗系统线路故障;

④电动车窗电动机损坏;

⑤电动车窗主控开关损坏;

⑥电动车窗分控开关损坏;

⑦CAN-Bus 通信故障。

所有电动车窗不工作时应该检查电动车窗系统保险丝和供电继电器,以及电动车窗供电系统线路;个别电动车窗不工作时应检查单个电动车窗电动机和对应的控制开关(包括主控开关、分控开关)。对 4 个车门电动车窗都是电脑控制的电动车窗系统,还要考虑是 CAN-Bus 通信故障导致的,可以先读取故障码,根据故障码的提示进行诊断。

### 二、撰写汽车电动车窗不工作诊断流程图(图5-25),厘清诊断的思路

根据车主的车辆信息查找维修手册,了解汽车电动车窗的控制原理和常见故障的诊断方法,使用解码器读取故障码,有故障码根据故障码的提示去诊断;无故障码按照下列诊断流程去排查。

图 5-25  汽车电动车窗不工作诊断流程图

## 【拓展学习】

大众帕萨特电动车窗系统是每个电动车窗都有一个控制单元,这个控制单元除了可以控制电动车窗外,还可以控制汽车中控门锁和电动后视镜等。

其中驾驶员侧控制单元与电动车窗控制开关的连接电路图如图 5-26 所示。控制的原理是电动车窗控制开关把信号(如上升/下降信号)传送给驾驶员侧控制单元,控制单元接收到信号后驱动电动车窗电动机来实现车窗的升/降动作。

驾驶员侧控制单元和乘客侧控制单元的实物图分别如图 5-27、图 5-28 所示。其中,控制单元和驱动电动机做成一个整体。控制单元上的电插头起到接收开关信号和通信信号的作用。

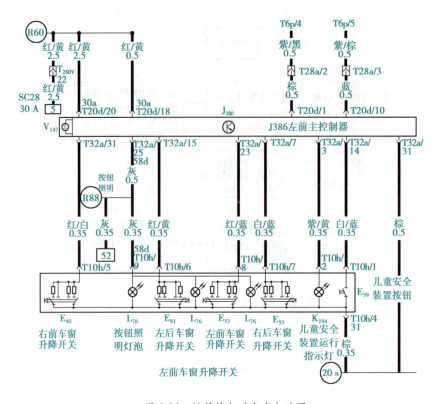

图 5-26　帕萨特电动车窗电路图

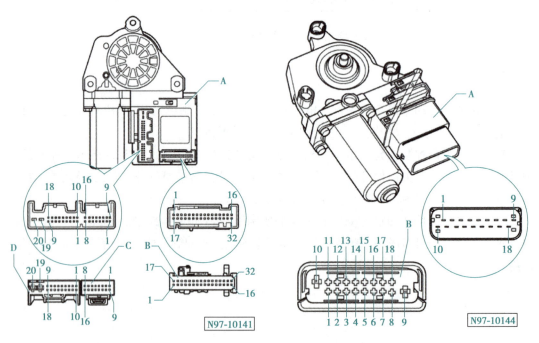

图 5-27　驾驶员侧车门控制单元实物图　　　　图 5-28　乘客侧车门控制单元实物图

【课堂作业】

1.一位丰田卡罗拉的轿车车主反映左后乘客侧电动车窗不能正常升降,其他电动车窗工作正常,请分析并写出故障点大致范围,同时写出故障诊断流程图。

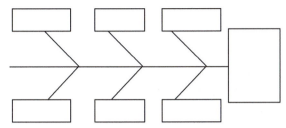

2.根据汽车电动车窗不工作故障诊断流程图,对汽车电动车窗系统实施诊断填写过程记录单。

| 学生姓名 | | | 班　级 | |
|---|---|---|---|---|
| **车辆信息** | 车辆型号 | | 里程表/km | |
| | 车辆识别代码(VIN) | | | |
| | 发动机型号 | | | |
| 项　目 | 作业记录内容 | | 填写检测结果或者数据 | |
| ①口述故障诊断流程 | | | | |
| ②前期准备 | | | | |
| ③安全检查 | | | | |
| ④故障现象确认 | 确认故障症状并记录症状现象(根据不同故障范围,进行功能检测,并填写检测结果) | | | |
| ⑤确定故障范围 | | | | |
| ⑥基本检查 | | | | |
| ⑦部件测试 | 对被怀疑的部件进行部件测试,须注明元件名称/插接件代码、针脚编号和测量结果 | | | |
| ⑧电路测量 | 对被怀疑的线路进行测量,须注明插件代码和编号,控制单元针脚代号以及测量结果 | | | |
| ⑨故障部位确认和排除 | 根据上述的检测结果,确定故障内容并注明。<br>①确定的故障是:＿＿＿＿＿＿＿＿＿<br>②故障点的排除处理说明:＿＿＿＿＿＿ | | | |
| ⑩维修结果确认 | 维修后的功能确认并填写结果:<br>检查维修过程中曾拆卸过零部件(或线路)的安装状况和其他可能在检修过程中受到影响的系统技术状况并记录 | | | |
| ⑪现场恢复 | | | | |

# /活动五/　考核评价

## 【考核要求】

- 汽车电动车窗系统认知的考核；
- 汽车电动车窗系统故障诊断能力的考核；
- 5S 管理意识的考核；
- 团队合作能力的考核；
- 口头表达能力的考核。

### 一、汽车电动车窗系统应会考核内容和评分标准

| 学习任务名称 | | | | 学生姓名和班级 | | | |
|---|---|---|---|---|---|---|---|
| 评价项目 | 评价内容 | 分值 | 评分标准 | | 得分 | 小计分数 | 扣分原因 |
| 专业能力 | 汽车电动车窗系统零部件位置查找 | 5 | 每漏一项扣 1 分 | | | | |
| | 汽车电动车窗系统电路图识读 | 5 | 根据回答酌情扣分 | | | | |
| | 汽车电动车窗系统保险丝、继电器的检查 | 5 | 不会检查不得分,检查方法不规范酌情扣分 | | | | |
| | 汽车电动车窗控制开关线路的检查 | 10 | 检测思路不清晰、检测不规范酌情扣分 | | | | |
| | 汽车电动车窗控制开关的检查与更换 | 5 | 流程不正确每项扣 1 分 | | | | |
| | 汽车电动车窗电机总成的检查与更换 | 5 | 每漏一项扣 1 分;操作不规范每项扣 1 分 | | | | |
| | 汽车电动车窗分控开关的检查与更换 | 10 | 操作不规范每项扣 1 分 | | | | |
| | 蓄电池的检查 | 5 | 操作不规范每项扣 1 分 | | | | |
| | 油、水、电安全检查 | 5 | 每漏一项扣 1 分 | | | | |
| | 维修前的工量具准备 | 5 | 每漏一项扣 1 分;操作不规范每项扣 1 分 | | | | |

续表

| 评价项目 | 评价内容 | 分值 | 评分标准 | 得分 | 小计分数 | 扣分原因 |
|---|---|---|---|---|---|---|
| 通用能力 | 能读懂任务书,与客户或维修主管进行有效沟通,记录关键内容,整理客户需求 | 5 | 没有沟通扣2分;沟通不到位扣1分;无记录扣2分 | | | |
| | 能查阅相关维修资料,获取汽车电动车窗不工作的维修信息 | 5 | 没有查阅扣3分,查阅方法不对扣2分 | | | |
| | 能从满足客户功能需求、使用价值和企业工作规范、安全性、环保性、成本效益等角度考虑 | 5 | 完全不符合每项扣1分 | | | |
| | 能及时有效解决维修过程中的突发问题 | 5 | 完全没有解决扣3分;解决不及时扣2分;无突发问题不扣分 | | | |
| | 能对已完成的工作进行记录、存档、评价和反馈 | 5 | 无记录扣2分 | | | |
| | 在维修过程中保持6S、三不落地,完工后对工位进行恢复整理 | 5 | 零件、工具、油水落地每项扣1分;6S整理每漏一项扣1分 | | | |
| | 表述仪态自然、吐字清晰、思路清晰,且与实际相符 | 5 | 仪态不自然、吐字不清、思路不清晰每项扣1分;表述与实际不符扣1分 | | | |
| | 分工明确,团队合作融洽 | 5 | 分工不明确扣2分;团队合作不融洽扣2分 | | | |
| 总　分 | | | | | | |

## 二、电动车窗系统专业知识理论考核

1.选择题

(1)汽车电动车窗按键上的 AUTO 表示(　　)。

　　A.指示灯　　　　　　　　　B.一键升降

(2)汽车电动车窗电动机工作电压为(　　)。

　　A.5 V　　　　　　　　　　B.12 V

(3)汽车电动车窗电动机电阻正常值为(    )。

  A.1~2 Ω                B. 5~10 Ω

(4)检查汽车电动车窗主控开关供电是否正常时,(    )打开点火开关。

  A.需要                B.不需要

(5)检查电动车窗分控开关的导通性时,(    )分控开关的电路。

  A.接通                B.断开

(6)当驾驶员侧电动车窗模块接收到车窗开关信号电压为高电压时,执行(    )命令。

  A.上升         B.下降         C.不工作

(7)当驾驶员侧电动车窗模块接收到车窗开关信号电压为低电压时,执行(    )命令。

  A.上升         B.下降         C.不工作

2.判断题

(1)有些车型当断开蓄电池负极后,汽车电动车窗一键升降功能会失效。    (    )

(2)驾驶员侧的主控开关可以限制乘客侧的分控开关。    (    )

(3)汽车电动车窗乘客端分控开关损坏时不会影响主控开关的操控。    (    )

## 本任务学习总结:

_____

_____

_____

_____

## 本任务学习心得:

_____

_____

_____

_____

# 任务六 | 汽车中控门锁系统的故障诊断与排除

**任务目标**

- 能正确操作中控门锁开关,检查中控门锁功能是否正常;
- 通过查阅保养手册或维修手册,能找出中控门锁系统各零部件或者总成的位置;
- 通过查阅保养手册或维修手册,能列举出中控门锁系统各零部件或者总成拆装的步骤及注意事项;
- 能规范实施中控门锁系统各零部件或者总成的拆装与更换;
- 能对汽车中控门锁系统的线路进行检修;
- 能对汽车中控门锁系统进行竣工检查,确认故障是否排除。

## 【情境引入】

维修前台接到客户李先生电话,反映汽车中控门锁系统出现故障,右后车门锁不能上锁,其他车门上锁解锁正常。请你查看维修手册,在规定的时间内完成对中控门锁系统的排查,找出故障点,完成检修后交付班长验收。

# / 活动一 / 汽车中控门锁系统电路图识读

中控门锁一般有 3 种控制方式:第一种,可以通过汽车遥控器来控制汽车 4 个车门的上锁和解锁;第二种,可以通过驾驶员侧的上锁和解锁开关来控制车门;第三种,可以通过机械车钥匙来开关车门。本田雅阁中控门锁的工作原理是多路集成控制装置,相当于车身控制电脑,首先接收到上锁和解锁请求,然后通过电动机执行多路集成控制装置命令来控制车门,包括后备厢。

每个车门上有一个车门开关,作用是监控车门的状态,打开还是关闭,并把信号传送给多路集成控制装置,如果车门没有锁好,汽车是不能打开防盗系统的。

汽车中控门锁一般都和防盗系统是相关的,有些汽车的发动机舱和后备厢都设有开关,这种情况下,只有当所有的车门、发动机舱以及后备厢都关闭时,按下汽车遥控器的上锁键,汽车才能进入防盗状态。

从本田雅阁中控门锁电路图(图 6-1)可知,车门多路控制装置是接收信号的,包括汽车遥控信号、驾驶员门锁开关信号、汽车机械钥匙信号。多路集成控制装置发出指令给门锁电动机来实现车门(包括后备厢)的上锁和解锁。

车门门锁把手开关能监控车门和后备厢的开闭状态,并把信号传输给多路集成控制装置。车门有两种状态:当车门处于关闭状态时,这个开关处于断开位置;当车门处于打开状态时,这个开关处于闭合位置,如图 6-2 所示。

多路集成控制装置给车门门锁把手开关先提供一个高电压,当车门处于这两种状态时,反馈的电压就不同了。当车门打开时,反馈的电压就是 0 V;当车门关闭时,反馈的电压就是高电压。

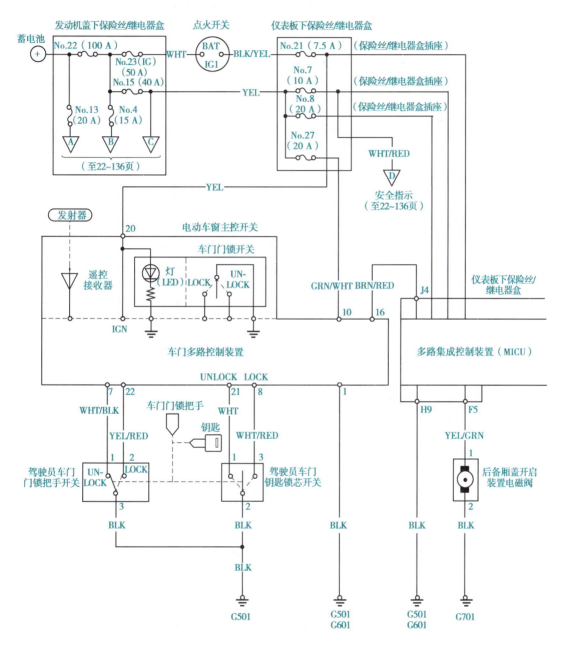

图 6-1　本田雅阁中控门锁电路图

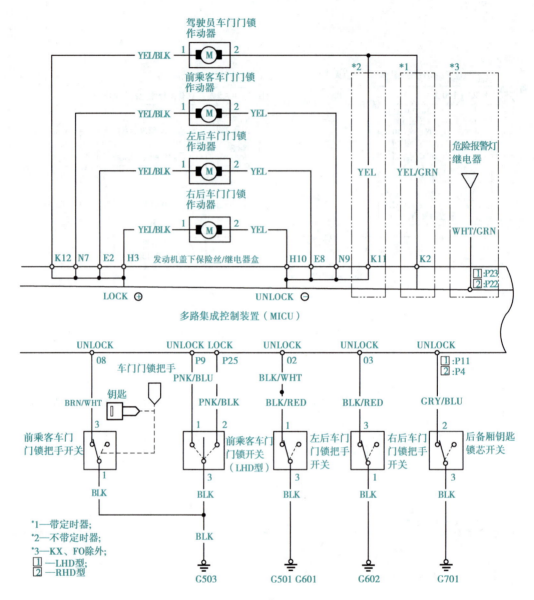

图6-2　本田雅阁中控门锁电路图

【拓展学习】

　　大众帕萨特中控门锁电路的特点：每个车门都有一个控制器，控制器接收到上锁或者开锁命令后，控制门锁电机执行开锁或者落锁动作，如图6-3所示。

　　4个车门控制器通过CAN线相连，实现信息的传送，当CAN线某段出现故障时，可能会出现某个车门不能动作的故障，如图6-4所示。

　　当使用解码器读出车门控制器通信故障时，要根据具体的故障码来对故障线路加以检查，找出故障点。

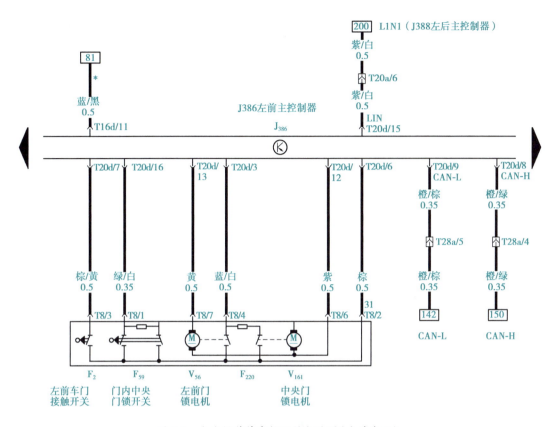

图 6-3  大众帕萨特中控门锁电路图(左前车门)

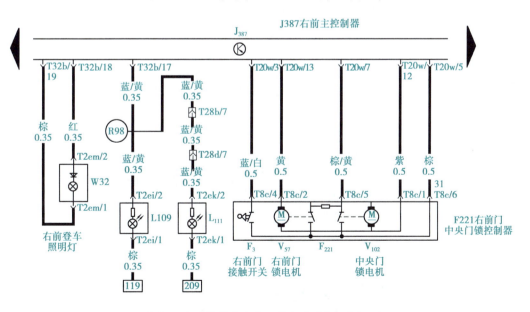

图 6-4  大众帕萨特中控门锁电路图(右前车门)

【课堂作业】

1.根据实训车辆,检查中央门锁功能好坏并填写检查结果。

| 车型 | 功能检查 | 检查结果 |
|------|---------|---------|
| | 车内上锁(使用中控锁开关控制) | |
| | 车内解锁(使用中控锁开关控制) | |
| | 车外上锁(使用遥控控制) | |
| | 车外解锁(使用遥控控制) | |
| | 车外上锁(使用车钥匙控制) | |
| | 车外解锁(使用车钥匙控制) | |

2.说出汽车OBD-Ⅱ诊断座(图6-5)的含义,找出其中的6号和14号端子的位置。

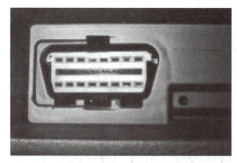

图6-5　汽车OBD-Ⅱ诊断座

3.根据图6-6,写出CAN-H、CAN-L双绞线的作用。

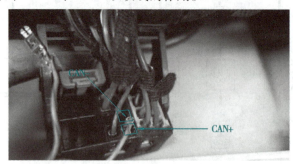

图6-6　汽车CAN线

## / 活动二 / 汽车中控门锁开关检查与更换

### 一、车门开关的检查

门控开关有两种状态,分别对应车门的打开和关闭,如果车门在关闭状态,门控开关状态是闭合的;如果车门在打开状态,门控开关状态是断开的,如图6-7所示。

图6-7 汽车车门开关

### 二、主控开关门锁开关的检查

本田雅阁电动车窗主控开关端子如图6-8所示,其中1号、2号和3号端子是车门门锁开关端子,车门门锁开关结构如图6-9所示。

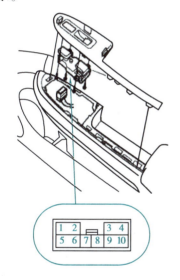

图6-8 电动车窗主控开关端子位置图

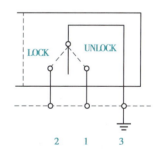

图6-9 车门门锁开关结构图

| 门锁开关状态 | 测量方法 | 测量标准 |
|---|---|---|
| LOCK | 2号和3号端子 | 导通 |
| UNLOCK | 2号和3号端子 | 不导通 |
| LOCK | 1号和3号端子 | 不导通 |
| UNLOCK | 1号和3号端子 | 导通 |
| 中间位置 | 1号、2号和3号端子 | 都不通 |

### 三、发动机盖开关检查

本田雅阁发动机盖开关端子,如图 6-10 所示。

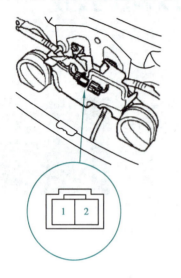

| 发动机盖开关状态 | 检测方法 | 标　准 |
|---|---|---|
| 发动机盖开启 | 1 号和 2 号端子 | 导通 |
| 发动机盖关闭 | 1 号和 2 号端子 | 不导通 |

图 6-10　本田雅阁发动机盖开关端子

### 四、后备厢锁芯开关检查

本田雅阁后备厢锁芯开关端子,如图 6-11 所示。

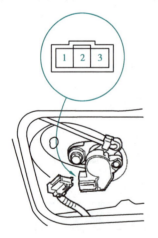

| 后备厢锁芯开关状态 | 检测方法 | 标　准 |
|---|---|---|
| UNLOCK | 3 号和 2 号端子 | 导通 |
| LOCK | 3 号和 2 号端子 | 不导通 |

图 6-11　本田雅阁后备厢锁芯开关端子

## 【拓展学习】

### 一、日产天籁中控门锁

日产天籁中控门锁电路图,如图 6-12 所示,中控门锁由车身电脑 BCM 来控制,开关作为信号输入,包括驾驶员侧的门锁开关、4 个车门上的车门开关,当车身电脑 BCM 接收到上锁或者开锁命令时,由门锁电机来控制车门的开闭。其中车门开关与 BCM 车身控制模块连接的端子分别是 62 号、63 号和 12 号、13 号;车门闭锁/开锁开关与 BCM 连接的端子是 26 号和 31 号端子。

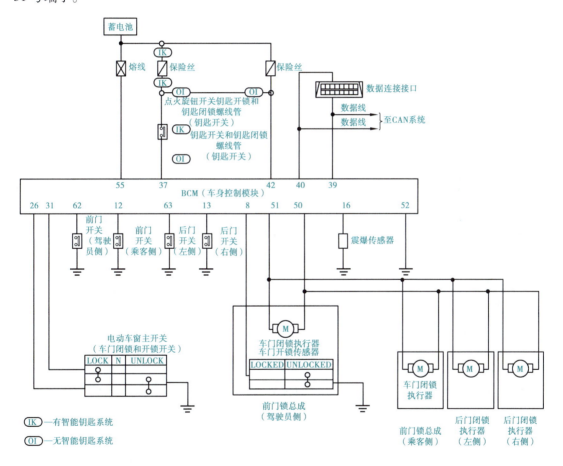

图 6-12　日产天籁中控门锁电路图

### 二、日产天籁中控门锁开关线路的检查

车门开关的电压检查,检查方法如图 6-13 所示。

| 项目 | 接头 | 端口<br>（电线颜色） | | 车门<br>状态 | 电压/V<br>（大约） |
| --- | --- | --- | --- | --- | --- |
| | | （＋） | （－） | | |
| 驾驶员侧 | M5 | 62（SB） | 接地 | 关闭<br>↓<br>打开 | 蓄电池电压<br>↓<br>0 |
| 左后侧 | | 62（R/W） | | | |
| 乘客侧 | M3 | 12（R/L） | | | |
| 右后侧 | | 13（R/B） | | | |

①车门状态在关闭时，端子的电压应为蓄电池电压；

②车门状态在打开时，端子的电压应为0 V。

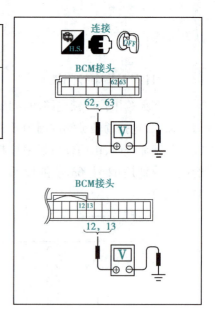

图 6-13　车门开关工作电压的检查

车门开关的线路检查，检查方法如图6-14所示。

①将点火开关转到OFF位置。

②断开车门开关和BCM接头。

③检查车门开关接头B10，B14，B209，B213的端口2和BCM接头M3，

　　M5的端口12，13，62，63之间的导通性。

　　　　驾驶员侧车门

　　　　2（SB）-62（SB）　　　　　：应该导通。

　　　　乘客侧车门

　　　　2（R/L）-12（R/L）　　　　：应该导通。

　　　　左后车门

　　　　2（R/W）-63（R/W）　　　：应该导通。

　　　　右后车门

　　　　2（R/B）-13（R/B）　　　　：应该导通。

④检查车门开关接头B10，B14，B209，B213的端口2和接地之间的

　　导通性。

　　　　2（SB，R/L，R/W或R/B）-接地：应该导通。

若检测时，不符合导通性的要求，则说明车门开关线路有断路，需

维修或更换线束。

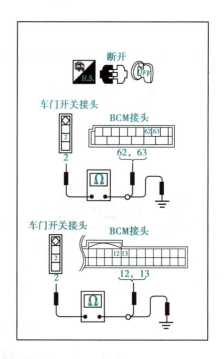

图 6-14　车门开关线路的检查

驾驶员侧开锁闭锁开关电压的检查,检查方法如图6-15所示。

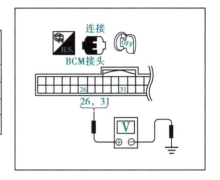

⊗ 不使用CONSULT-Ⅱ诊断仪
车门闭锁和开锁开关操作,检查BCM接头和接地之间的电压

| 接头 | 端口（电线颜色） | | 状态 | 电压/V |
| --- | --- | --- | --- | --- |
| | （＋） | （－） | | （大约） |
| M3 | 26（GR/R） | 接地 | 开锁 | 0 |
| | | | 解除 | 蓄电池电压 |
| | 31（GR） | | 闭锁 | 0 |
| | | | 解除 | 蓄电池电压 |

若检测数据不符合标准,应更换驾驶员侧开锁、闭锁开关。

图 6-15　驾驶员侧开锁闭锁开关电压的检查

驾驶员侧开锁闭锁开关线路的检查,检查方法如图6-16所示。

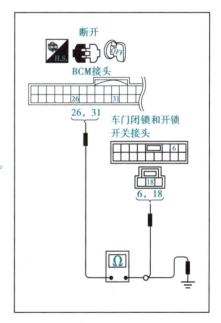

①将点火开关关闭。
②断开BCM和车门闭锁、开锁开关接头。
③检查BCM接头M3的端口26,31和车门闭锁、开锁开关接头D6,D7的端口6,18之间的导通性。

　　26（GR/R）-6（GR/R）　　:应该导通。
　　31（GR）-18（GR）　　　:应该导通。

④检查BCM接头M3的端口26,31和接地之间的导通性。

　　26（GR/R）- 接地　　:应该导通。
　　31（GR）- 接地　　　:应该导通。

若检测的导通性不符合标准,应维修或更换驾驶员侧开锁闭锁开关线束。

图 6-16　驾驶员侧开锁闭锁开关线路的检查

## 【课堂作业】

1.根据实训车辆,对汽车中控门锁车的开关进行检查并填写数据。

| 检查项目 | | 检查结果 |
|---|---|---|
| 车门开关的<br>电压检查 | 驾驶员侧车门开关 | |
| | 右前车门开关 | |
| | 左后车门开关 | |
| | 右后车门开关 | |
| 车门开关的<br>线路检查 | 驾驶员侧车门开关 | |
| | 右前车门开关 | |
| | 左后车门开关 | |
| | 右后车门开关 | |

2.根据实训车辆,对汽车中控门锁的开关进行检查并填写数据。

| 检查项目 | 检查结果 |
|---|---|
| 驾驶员侧开锁、闭锁开关的检查 | |
| 驾驶员侧开锁闭、锁开关线路的检查 | |

# / 活动三 /　汽车门锁电机总成的检测与更换

## 一、更换中控门锁电动机

更换中控门锁电动机的步骤,如图6-17所示。

①拆卸车门锁芯固定螺丝。

②拆卸车门锁芯和车门外把手。

③拆卸车门锁芯密封垫。

④拆卸门锁电机总成螺丝。

⑤断开门锁电机电插头。

⑥取出门锁电机总成。

图 6-17　更换中控门锁电动机的步骤

> ☆ 提示
>
> 　　汽车门锁电机总成的安装按照相反的顺序进行,安装时确保安装到位,安装完毕要进行竣工检查。

## 二、门锁电机测试

　　进行门锁电机动作测试判断是否需要更换门锁电动机。在测试工作中,如果出现门锁电动机不工作,或者能上锁不能解锁,或者不能上锁能解锁,都需要更换门锁电动机。

　　门锁电机的测试方法:拔下门锁电机电插头,如图 6-18 所示,使用跨接线让蓄电池的正负极分别连接门锁电机电插头中的 1 号和 2 号端子,如果门锁电机能够完成正常的动作,说明门锁电机良好,如图 6-19 所示。

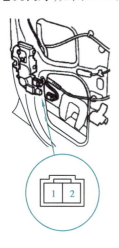

| 位置 | 端子 | |
|---|---|---|
| | 1 | 2 |
| 锁止 | ⊕ | ⊖ |
| 开锁 | ⊖ | ⊕ |

图 6-18　门锁电机端子　　　　　　　　图 6-19　门锁电机测试方法

## 三、后备厢电动机测试

　　后备厢电动机的测试方法:拔下后备厢电机电插头,如图 6-20 所示,使用跨接线让蓄电池的正负极分别连接后备厢电机电插头中的 1 号和 2 号端子,如果后备厢电机能够完成正常的动作,说明后备厢电机良好,如图 6-21 所示。

图 6-20 后备厢电动机端子

| 后备厢 | 端 子 | |
|---|---|---|
| | 1 | 2 |
| UNLOCK | ⊕ | ⊖ |

图 6-21 后备厢电动机测试

## 【拓展学习】

### 一、日产天籁中控门锁电路

日产天籁中控门锁电路,其中车门锁电机与车身控制模块 BCM 连接的端子是 50 号、51 号,如图 6-22 所示。

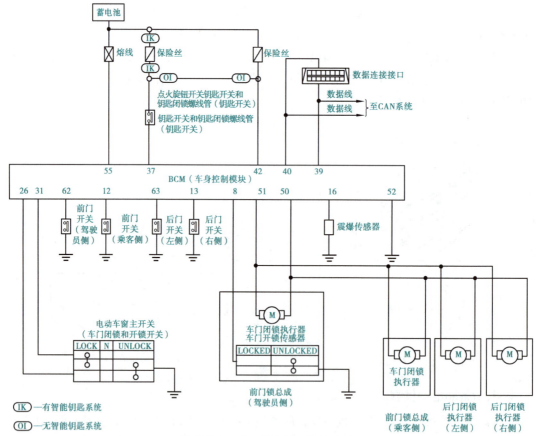

图 6-22 日产天籁中控门锁电路图

## 二、日产天籁中控门锁电机的检查

检查驾驶员侧车门闭锁执行器输入信号,检查方法如图6-23所示。

①将点火开关关闭。
②断开车门锁执行器(驾驶员侧或左后侧)接头。
③车门闭锁和开锁开关操作,检查车门闭锁执行器接头和接地之间的电压。

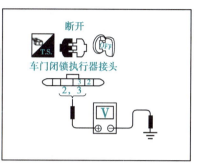

| 接头 | 端口(电线颜色) | | 状态 | 电压/V（大约） |
| --- | --- | --- | --- | --- |
| | (+) | (−) | | |
| D24（驾驶员侧）D52（左后侧） | 3(V) | 接地 | 闭锁 | 0→蓄电池电压→0 |
| | | | 解除 | 0 |
| | 2（G/B 或 G/Y） | | 开锁 | 0→蓄电池电压→0 |
| | | | 解除 | 0 |

正常或异常
若驾驶员侧车门闭锁执行器输入信号正常,闭锁执行器不工作,则需要更换闭锁执行器。

图 6-23　驾驶员侧车门闭锁执行器输入信号检查

检查驾驶员侧车门闭锁执行器线束的导通性,检查方法如图6-24所示。

①断开BCM接头。
②检查BCM接头M4的端口50、端口51和车门闭锁执行器接头D24（驾驶员侧）、D52（左后侧）的端口2和3之间的导通性。

　　50(V)-3(V)　　　　　　　：应该导通。
　　51(G/Y)-2(G/B 或 G/Y)　：应该导通。

③检查BCM接头M4的端口50、51和接地之间的导通性。

　　50(V)-接地　：应该导通。
　　51(G/Y)-接地　：应该导通。

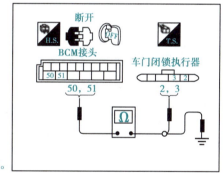

正常或异常
若驾驶员侧车门闭锁执行器线束导通性不正常,应更换或维修其线束。

图 6-24　驾驶员侧车门闭锁执行器线束导通性检查

检查乘客侧车门闭锁执行器输入信号,检查方法如图6-25所示。

①将点火开关关闭。
②断开车门锁执行器(乘客侧或右后侧)接头。
③车门闭锁和开锁开关操作,检查车门闭锁执行器接头和接地之间的电压。

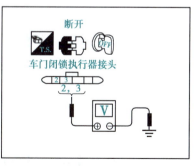

| 接头 | 端口(电线颜色) | | 状态 | 电压/V（大约） |
| --- | --- | --- | --- | --- |
| | (+) | (−) | | |
| D44（乘客侧）D72（右后侧） | 3(V或O) | 接地 | 闭锁 | 0→蓄电池电压→0 |
| | | | 解除 | 0 |
| | 2(GY) | | 开锁 | 0→蓄电池电压→0 |
| | | | 解除 | 0 |

正常或异常
若乘客侧车门闭锁执行器输入信号正常,闭锁执行器不工作,则需要更换乘客侧闭锁执行器。

图 6-25　乘客侧车门闭锁执行器输入信号检查

检查乘客侧车门闭锁执行器线束导通性,检查方法如图6-26所示。

①断开BCM接头。

②检查BCM接头M4的端口50，端口51和车门闭锁执行器接头D44（乘客侧）、D72（右后侧）的端口2和端口3之间的导通性。

50（V）-3（V或O）　　　　　：应该导通。

51（G/Y）-2（G/Y）　　　　：应该导通。

③检查BCM接头M4的端口50，端口51和接地之间的导通性。

50（V）- 接地　　：应该导通。

51（G/Y）- 接地　：应该导通。

正常或异常

若乘客侧车门闭锁执行器线束导通性不正常，应更换或维修线束。

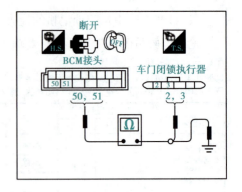

图6-26　驾驶员侧车门闭锁执行器线束导通性检查

## 【课堂作业】

1.根据实训车辆，对汽车中控门锁的电动机进行检查并填写数据。

| 检查项目 | | 检查结果 |
|---|---|---|
| 驾驶员侧车门闭锁执行器输入信号的检查 | 解锁 | |
| | 闭锁 | |
| 驾驶员侧车门闭锁执行器线束导通性的检查 | | |
| 乘客侧车门闭锁执行器输入信号的检查 | 解锁 | |
| | 闭锁 | |
| 驾驶员侧车门闭锁执行器线束导通性的检查 | | |

2.参考维修手册，列出拆卸实训车辆中控门锁电机总成的主要步骤。

_____

_____

_____

# / 活动四 /  汽车中控门锁不工作故障案例分析

## 【案例引入】

一辆日产轩逸轿车的车主反映自己的汽车车门不能上锁，使用遥控器和车内中控锁按键也不能使车门落锁。

### 一、汽车中控门锁系统工作不良原因分析

若所有中控门锁不工作，主要检查汽车遥控器是否亏电、门锁控制电路保险丝是否烧

断、门锁控制线路故障以及蓄电池电量是否不足;若单个门锁不工作,则应检查对应门锁电机是否损坏。还应考虑 CAN-Bus 通信故障造成的中控门锁不工作。

中控门锁系统工作不良的原因主要有:

①汽车遥控器电池亏电;

②车门锁主控开关损坏;

③车门锁分控开关损坏;

④门锁控制电路保险丝烧断;

⑤门锁控制线路故障;

⑥个别门锁电机损坏;

⑦蓄电池电量不足;

⑧门锁控制器或者车身电脑故障;

⑨CAN-Bus 通信故障。

### 二、汽车中控门锁系统工作不正常故障诊断流程图(图6-27)

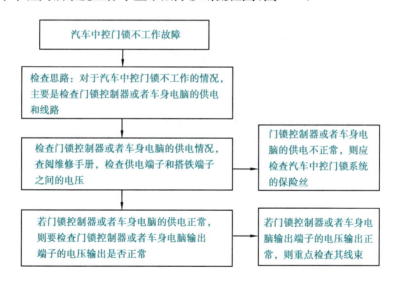

图 6-27　汽车中控门锁系统工作不正常故障诊断流程图

## 【拓展学习】

一辆日产轩逸轿车的车主反映自己的汽车左后车门不能上锁,其他车门上锁正常。

### 一、诊断的思路

根据车主反映的情况,说明门锁控制器或者车身电脑是正常的。初步判断故障点是左后车门门锁电机总成出现问题。

## 二、部件测试

首先要拆卸左后车门门锁电机总成,直接给左后车门门锁电机通电,如果左后车门门锁电机动作说明门锁电机正常,重点检查左后车门门锁电机到门锁控制器或者车身电脑的线路。

故障小结:排除汽车中控门锁工作不正常时,要根据具体故障具体分析,查找故障时按照从易到难的顺序进行,及时调整诊断的思路、总结诊断的经验、提高诊断的效率。

## 【课堂作业】

1.一辆丰田卡罗拉轿车的车主反映自己的汽车按下汽车遥控器上的上锁键后,听到车门上锁又打开的声音,车门不能正常落锁,请分析并写出故障点的大致范围。

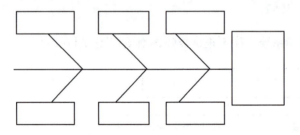

2.一辆丰田卡罗拉轿车的车主反映自己的汽车按下汽车遥控器上的上锁键后,听到车门上锁又打开的声音,车门不能正常落锁,请写出故障诊断流程图。

3.根据汽车中控门锁不工作故障诊断流程图,填写过程记录单。

| 学生姓名 | | 班级 | |
|---|---|---|---|

| 车辆信息 | 车辆型号 | | 里程表/km | |
|---|---|---|---|---|
| | 车辆识别代码(VIN) | | | |
| | 发动机型号 | | | |

| 项目 | 作业记录内容 | 填写检测结果或者数据 |
|---|---|---|
| ①口述故障诊断流程 | (口述,不需要填写) | |
| ②前期准备 | (不需要填写) | |
| ③安全检查 | (不需要填写) | |
| ④故障现象确认 | 确认故障症状并记录症状现象(根据不同故障范围,进行功能检测,并填写检测结果) | |
| ⑤确定故障范围 | | |
| ⑥基本检查 | | |
| ⑦部件测试 | 对被怀疑的部件进行部件测试,须注明元件名称/插接件代码、针脚编号和测量结果 | |
| ⑧电路测量 | 对被怀疑的线路进行测量,须注明插件代码和编号,控制单元针脚代号以及测量结果 | |
| ⑨故障部位确认和排除 | 根据上述所有的检测结果,确定故障内容并注明:<br>①确定的故障是:_____<br>②故障点的排除处理说明:_____ | |
| ⑩维修结果确认 | 维修后的功能确认并填写结果:<br>检查维修过程中曾拆卸过零部件(或线路)的安装状况和其他可能在检修过程中受到影响的系统技术状况并记录 | |
| ⑪现场恢复 | (不需要填写) | |

# /活动五/　考核评价

## 【考核要求】

- 中控门锁系统认知的考核；
- 中控门锁系统故障诊断能力的考核；
- 5S 管理意识的考核；
- 团队合作能力的考核；
- 口头表达能力的考核。

### 一、汽车中控门锁系统应会考核内容和评分标准

| 学习任务名称 | | | 学生姓名和班级 | | | | |
|---|---|---|---|---|---|---|---|
| 评价项目 | 评价内容 | 分值 | 评分标准 | | 得分 | 小计分数 | 扣分原因 |
| 专业能力 | 汽车中控门锁系统零部件位置查找 | 5 | 每漏一项扣1分 | | | | |
| | 汽车中控门锁电路图识读 | 5 | 根据回答酌情扣分 | | | | |
| | 汽车中控门锁系统保险丝、继电器的检查 | 5 | 不会检查不得分,检查方法不规范酌情扣分 | | | | |
| | 汽车中控门锁总成线路的检查 | 10 | 检测思路不清晰、检测不规范酌情扣分 | | | | |
| | 汽车中控门锁总成的更换 | 5 | 流程不正确每项扣1分 | | | | |
| | 汽车中控门锁控制开关的更换 | 5 | 每漏一项扣1分;操作不规范每项扣1分 | | | | |
| | 汽车车门开关的检查与更换 | 10 | 操作不规范每项扣1分 | | | | |
| | 蓄电池的检查 | 5 | 操作不规范每项扣1分 | | | | |
| | 油、水、电安全检查 | 5 | 每漏一项扣1分 | | | | |
| | 维修前的工量具准备 | 5 | 每漏一项扣1分;操作不规范每项扣1分 | | | | |

续表

| 评价项目 | 评价内容 | 分值 | 评分标准 | 得分 | 小计分数 | 扣分原因 |
|---|---|---|---|---|---|---|
| 通用能力 | 能读懂任务书,与客户或维修主管进行有效沟通,记录关键内容,整理客户需求 | 5 | 没有沟通扣2分;沟通不到位扣1分;无记录扣2分 | | | |
| | 能查阅相关维修资料,获取汽车电动车窗不工作的维修信息 | 5 | 没有查阅扣3分,查阅方法不对扣2分 | | | |
| | 能从满足客户功能需求、使用价值和企业工作规范、安全性、环保性、成本效益等角度考虑 | 5 | 完全不符合每项扣1分 | | | |
| | 能及时有效解决维修过程中的突发问题 | 5 | 完全没有解决扣3分;解决不及时扣2分;无突发问题不扣分 | | | |
| | 能对已完成的工作进行记录存档、评价和反馈 | 5 | 无记录扣2分 | | | |
| | 在维修过程中保持6S、三不落地,完工后对工位进行恢复整理 | 5 | 零件、工具、油水落地每项扣1分;6S整理每漏一项扣1分 | | | |
| | 表述仪态自然、吐字清晰、思路清晰,且与实际相符 | 5 | 仪态不自然、吐字不清、思路不清晰每项扣1分;表述与实际不符扣1分 | | | |
| | 分工明确,团队合作融洽 | 5 | 分工不明确扣2分;团队合作不融洽扣2分 | | | |
| 总分 | | | | | | |

## 二、中控门锁系统专业知识理论考核

1.选择题

(1)当汽车蓄电池电量不足时,(　　)使用汽车遥控器车门上锁。

　A.可以　　　　　　B.不可以

(2)当汽车蓄电池电量不足时,(　　)使用汽车机械钥匙锁车门。

　A.可以　　　　　　B.不可以

（3）汽车遥控器纽扣电池的电压（　　）。

    A.12 V               B.3 V

（4）汽车车门的儿童锁起作用时，车门只能从（　　）打开。

    A.车内            B.车外

（5）汽车车门门锁处的车门开关的作用是（　　）。

    A.检测车门状态    B.控制车内灯

（6）汽车车门锁电机总成内部开关的作用是（　　）。

    A.检测车门状态    B.控制车内灯

（7）当有扇车门没有关好时，按下遥控器上锁键，汽车（　　）进入防盗状态。

    A.不能            B.能够

（8）点火开关钥匙未锁警告开关的作用是（　　）。

    A.检测点火开关是否有钥匙插入

    B.检测点火开关的好坏

2.判断题

（1）汽车的防盗喇叭就是汽车电喇叭。           （　　）

（2）有些汽车的中控锁有时会受到车速的控制，如果车速超过设定值，车身电脑会自动控制车门落锁。          （　　）

## 本任务学习总结：

_____

_____

_____

_____

## 本任务学习心得：

_____

_____

_____

_____

# 任务七 | 汽车电动后视镜系统的故障诊断与排除

**任务目标**

- 能正确操作汽车电动后视镜开关,检查后视镜功能是否良好;
- 通过查阅维修手册,能找出汽车电动后视镜系统各零部件的具体位置;
- 通过查阅维修手册,能对汽车电动后视镜系统各零部件或者总成进行检查;
- 能规范实施汽车电动后视镜系统各零部件或者总成的拆装与更换;
- 能对汽车电动后视镜系统的线路进行检修;
- 能对汽车电动后视镜系统进行竣工检查,确认故障是否排除。

## 【情境引入】

维修前台接到客户何女士电话,反映汽车电动后视镜系统出现故障,左边后视镜不能使用开关来调整,右边后视镜使用正常。请你查看维修手册,在规定的时间内完成对电动后视镜系统的排查,找出故障点,完成检修后交付班长验收。

# /活动一/ 汽车电动后视镜系统电路图识读

### 一、汽车电动后视镜系统电路图

本田雅阁电动后视镜电路图如图 7-1 所示,调整电路是由两组直流电动机完成的,左右电动机总成里面都有水平方向调整电机和上下方向调整电机,同时后视镜镜片还具有加热功能。

控制原理:通过电动后视镜开关控制电动机动作来调整后视镜,左右后视镜是单独调整的,每个电动机都是双向的,通过电动后视镜开关来改变电流的方向。

带折叠功能的电动后视镜电路如图 7-2 所示,图中多了一组电动机来实现折叠功能,电动后视镜开关上也多了一个折叠开关。按下电动后视镜折叠开关,左右后视镜一起折叠收起或者伸出。

注意:带折叠功能的电动后视镜不要手动去折叠电动后视镜总成,以免损坏内部的折叠电动机传动机构。

## 【拓展学习】

丰田卡罗拉电动后视镜控制电路图如图 7-3 所示,其中:

MH——水平调整电机端子;

MV——上下调整电机端子;

$M_+$——调节电机公共端子;

MR,MF——折叠电机端子。

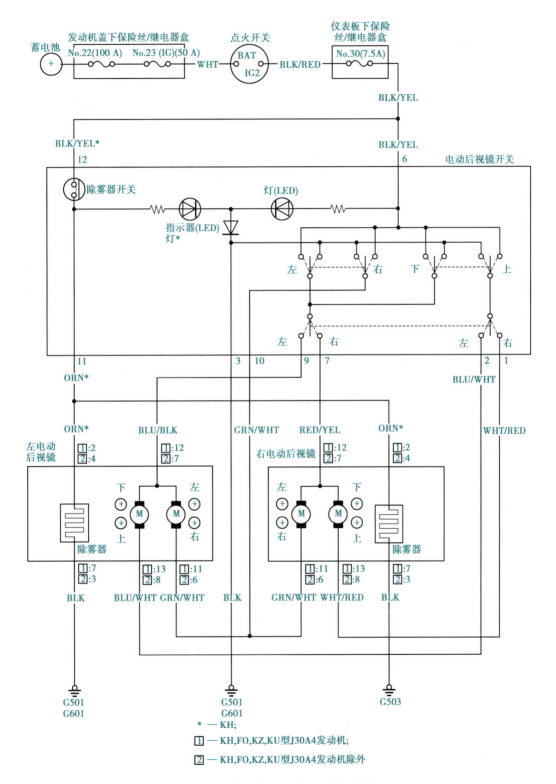

图 7-1　本田雅阁电动后视镜电路图

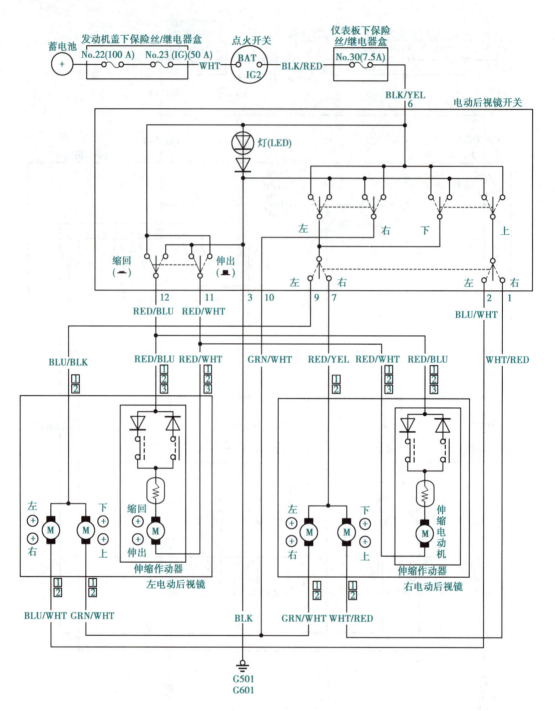

图 7-2    本田雅阁电动后视镜电路图(带折叠功能)

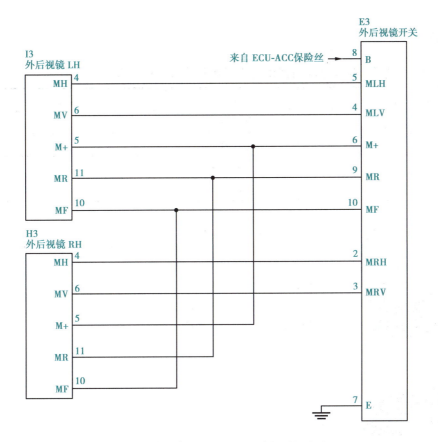

图 7-3 丰田卡罗拉电动后视镜控制电路图

每个电动后视镜总成内部有 3 个电动机,分别实现后视镜上下方向调整、水平方向调整和折叠功能,如图 7-4 所示。

电动后视镜调整控制原理如下:

①当按下水平调整按钮时,电流经过电动后视镜开关(MLH 端子),到达后视镜的左右驱动电机(MH 端子、M+),然后回到后视镜开关搭铁(E)。

②当按下上下调整按钮时,电流经过电动后视镜开关(MLV 端子),到达后视镜的上下驱动电机(MV 端子、M+),然后回到后视镜开关搭铁(E)。

③当按下折叠按钮时,电流经过电动后视镜开关(MR 端子),到达后视镜的折叠电机(MR 端子、M+),然后回到后视镜开关搭铁(E)。

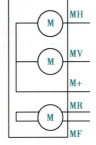

图 7-4 电动后视镜内部电动机

## 【课堂作业】

1.根据实训车辆,检查电动后视镜功能好坏并填写检查结果

| 功　能 | 检查项目 | 工作情况 |
|---|---|---|
| 左侧后视镜 | 上下调整 | |
| | 左右调整 | |
| 右侧后视镜 | 上下调整 | |
| | 左右调整 | |
| 后视镜折叠 | 左、右后视镜 | |
| 加热功能 | 左、右后视镜 | |
|  | 名称:(　　　　　　)<br>1功能:(　　　)　　2功能:(　　　)<br>3功能:(　　　)　　4功能:(　　　) | |
|  | 名称:(　　　　　　)<br>功能: | |
|  | 名称:(　　　　　　)<br>功能: | |

2.查找相关资料,电动后视镜角度的调整要求。

| 车外后视镜调整 | 调整要求 | 检查结果 |
|---|---|---|
| 左边后视镜调整 | | |
| 右边后视镜调整 | | |

左、右后视镜调整要求不同之处:

_____

_____

3.写出汽车后视镜上的小圆镜的作用（图 7-5）。

_____

_____

_____

_____

_____

_____

图 7-5　后视镜上的小圆镜

## / 活动二 / 汽车电动后视镜控制开关的检测与更换

### 一、电动后视镜控制开关的更换

电动后视镜控制开关的更换步骤如图 7-6 所示。

①拆卸车门内把手护板。

②拆卸后视镜开关面板。

③断开后视镜面板电插头。

④拆卸后视镜控制开关。

⑤更换新的后视镜控制开关。

⑥安装后视镜面板及电插头。

图 7-6　电动后视镜控制开关的更换步骤

> ☆ 提示
>
> 不同车型汽车电动后视镜控制开关的位置略有不同。

### 二、电动后视镜开关供电的检查

拔下电动后视镜开关电插头,根据维修手册的提示来检查电动后视镜开关的导通性,应该符合标准,否则应更换相同型号的电动后视镜开关。

根据本田雅阁电动后视镜开关端子位置和内部结构的提示,如图 7-7 和图 7-8 所示,检查左右后视镜在各个挡位下的导通性是否符合标准。

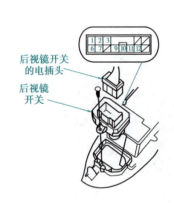

图 7-7　本田雅阁后视镜开关端子位置

| 位置 | | 端子 | | | | | | |
|---|---|---|---|---|---|---|---|---|
| | | 1 | 2 | 3 | 6 | 7 | 9 | 10 |
| L | 上 | | ○——|——○ | ○——|——○ | | | |
| | 下 | | | ○——|——○ | | | |
| | 左 | | | | ○——|——|——○ | | | ○ |
| | 右 | | | | ○——|——○ | | ○ | ○ |
| R | 上 | ○ | ○ | | ○ | | ○ | |
| | 下 | ○ | | | ○ | ○ | | |
| | 左 | | | | ○ | ○ | | ○ |
| | 右 | | | | ○ | ○ | ○ | |

图 7-8　本田雅阁后视镜开关内部结构

例如,按下左边(L)的电动后视镜开关,再按下微调开关上调整键时,电动后视镜开关端子中的 2 号和 6 号端子应导通;否则,说明电动后视镜开关损坏,需要更换。

按下电动后视镜除雾开关时,检查电动后视镜开关端子中的 11 号和 12 号端子应导通;否则说明电动后视镜开关损坏,需要更换,如图 7-9 所示。

| 位置 | 端子 | |
|---|---|---|
| | 11 | 12 |
| ON | ○————|————○ | |
| OFF | | |

图 7-9　本田雅阁电动后视镜除雾器开关结构

## 【拓展学习】

### 一、电动后视镜开关的供电检查

以丰田卡罗拉电动后视镜为例,如图 7-10 所示,从维修手册可以看出电动后视镜开关的供电端子和搭铁端子分别是 8 号和 7 号端子。

检测方法:拔下电动后视镜的电插头,如图 7-11 所示,使用万用表的直流电压挡测量电动后视镜开关的供电端子和搭铁端子之间的电压,应为蓄电池的电压。

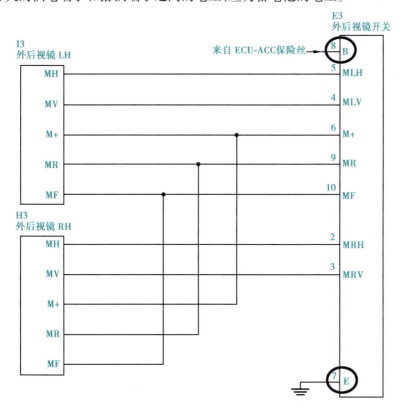

图 7-10　丰田卡罗拉电动后视镜开关端子

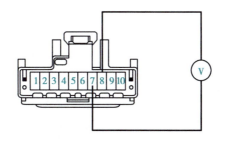

图 7-11　丰田卡罗拉电动后视镜开关供电电压的检测

## 二、电动后视镜开关到后视镜电动机之间线路的检查(图 7-12)

| 左边后视镜 | 导通性 |
|---|---|
| 电动后视镜开关 5 号端子与电动后视镜电动机 3 号端子 | <1 Ω |
| 电动后视镜开关 4 号端子与电动后视镜电动机 5 号端子 | <1 Ω |
| 电动后视镜开关 9 号端子与电动后视镜电动机 1 号端子 | <1 Ω |
| 电动后视镜开关 6 号端子与电动后视镜电动机 4 号端子 | <1 Ω |
| 电动后视镜开关 10 号端子与电动后视镜电动机 2 号端子 | <1 Ω |

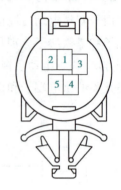

图 7-12　电动后视镜电动机
端子位置图

【课堂作业】

1.请根据实训车辆查阅维修手册,写出更换电动后视镜开关的主要步骤。

_____

_____

_____

_____

_____

2.根据提示,检查丰田卡罗拉电动后视镜控制开关及线路。

| 右边后视镜 | 标准 | 好坏判断和处理意见 |
|---|---|---|
| 电动后视镜开关 2 号端子与电动后视镜电动机 3 号端子 | <1 Ω | |
| 电动后视镜开关 3 号端子与电动后视镜电动机 5 号端子 | <1 Ω | |
| 电动后视镜开关 9 号端子与电动后视镜电动机 1 号端子 | <1 Ω | |
| 电动后视镜开关 6 号端子与电动后视镜电动机 4 号端子 | <1 Ω | |
| 电动后视镜开关 10 号端子与电动后视镜电动机 2 号端子 | <1 Ω | |

## / 活动三 / 汽车电动后视镜电机总成的更换

### 一、更换电动后视镜电机总成

更换电动后视镜电机总成的步骤如图 7-13 所示。

①拆卸车门扶手开关板。

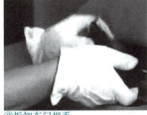
②拆卸车门把手。

③拆卸车门护板固定螺丝。

④拆下门灯电插头。

⑤拆卸车门三角形内护板。

⑥拆卸电动后视镜总成固定螺丝。

⑦拆卸电动后视镜电插头。

⑧取出电动后视镜总成。

图 7-13　更换电动后视镜电机总成的步骤

☆ 提示

电动后视镜电动机损坏时可以更换电动后视镜总成。

### 二、电动后视镜动作测试

电动后视镜动作测试的作用:判断是否需要更换电动后视镜电动机。本田雅阁电动后视镜端子位置如图7-14所示,水平、上下调整测试方法,如图7-15所示,折叠功能测试方法,如图7-16所示。

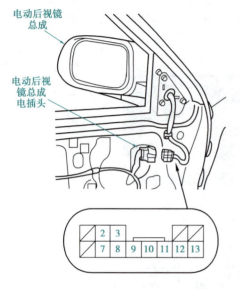

图7-14　本田雅阁电动后视镜端子位置

**KH, FO, KZ, KQ, KU型J30A4发动机除外**

| 位置 | 端子 | | |
|---|---|---|---|
| | 6 | 7 | 8 |
| 向上倾斜 | | − | + |
| 向下倾斜 | | + | − |
| 向左摆 | − | + | |
| 向右摆 | + | − | |

**KH, FO, KZ, KQ, KU型J30A4发动机**

| 位置 | 端子 | | |
|---|---|---|---|
| | 11 | 12 | 13 |
| 向上倾斜 | | − | + |
| 向下倾斜 | | + | − |
| 向左摆 | − | + | |
| 向右摆 | + | − | |

图7-15　水平、上下调整测试方法

根据电动后视镜端子位置以及维修手册提供的测试方法,按照表7-1进行动作测试,左右后视镜都要进行6次测试,从而检验电动后视镜总成内部的水平调整电动机、上下调整电动机以及折叠电动机性能是否良好。

| 位置 | 端子 | |
|---|---|---|
| | 3 | 8 |
| 视镜从伸出位置缩回 | + | − |
| 视镜从缩回位置往回缩 | − | + |

图7-16　折叠功能测试方法

**表7-1　电动后视镜的测试方法**

| 测试项目 | 测试方法 | 测试标准 |
|---|---|---|
| 向上倾斜 | 电动后视镜8号端子接蓄电池正极,7号端子接蓄电池负极 | 电动机执行动作 |
| 向左摆 | 电动后视镜7号端子接蓄电池正极,6号端子接蓄电池负极 | 电动机执行动作 |
| 后视镜收起 | 电动后视镜8号端子接蓄电池正极,3号端子接蓄电池负极 | 电动机执行动作 |
| 向下倾斜 | 电动后视镜7号端子接蓄电池正极,8号端子接蓄电池负极 | 电动机执行动作 |
| 向右摆 | 电动后视镜6号端子接蓄电池正极,7号端子接蓄电池负极 | 电动机执行动作 |
| 后视镜伸出 | 电动后视镜8号端子接蓄电池正极,3号端子接蓄电池负极 | 电动机执行动作 |

【拓展学习】

　　有些车型的电动后视镜电路由电脑控制,如图7-17和图7-18所示,汽车的4个车门都有一个这样的电脑,大众帕萨特称为左前主控制、左后主控制器、右前主控制、右后主控制器,后视镜主开关与控制器相连,是信号输入部分;控制器与调整电动机相连,电动机是执行机构。

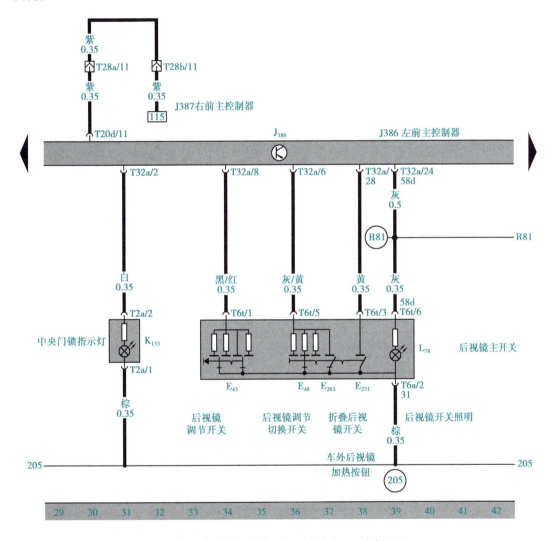

图7-17　电脑控制的电动后视镜电路(开关部分)

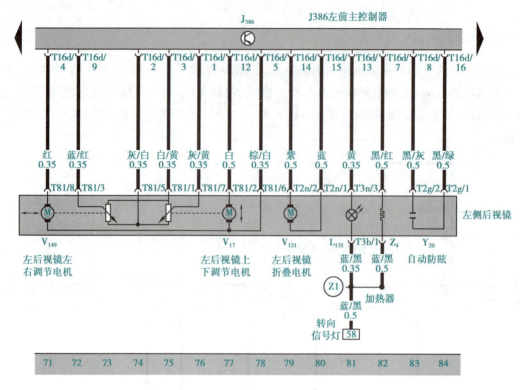

图 7-18　电脑控制的电动后视镜电路(电动机部分)

## 【课堂作业】

1.检查电动后视镜电机。

| 检查项目 | 测量数据 | 好坏判断和处理意见 |
|---|---|---|
| 水平调整电机电阻 | | |
| 上下调整电机电阻 | | |
| 水平调整电机通电试验 | | |
| 上下调整电机通电试验 | | |
| 折叠电机电阻 | | |
| 折叠电机通电试验 | | |

2.请根据实训车辆查阅维修手册,写出更换电动后视镜总成的主要步骤。

_____

_____

_____

_____

_____

3.请根据图 7-19 至图 7-22 的提示,更换电动后视镜镜片。

图 7-19　用力按下镜片使其露出间隙

图 7-20　在间隙处插入一字螺丝刀往外撬

图 7-21　拆卸镜片后方的线束

图 7-22　取出的镜片背面结构

## 活动四　汽车电动后视镜不工作故障案例分析

### 【案例引入】

　　一辆丰田卡罗拉轿车的车主反映自己的汽车外电动后视镜不起作用,操作电动后视镜开关时不动作,只能通过手动进行调整。

**一、汽车电动后视镜系统工作不正常的原因分析**

电动后视镜系统工作不正常的原因主要有:

①电动后视镜电机损坏;

②电动后视镜电机卡滞;

③电动后视镜电机线路故障;

④电动后视镜开关损坏；

⑤电动后视镜保险丝损坏；

⑥电动后视镜加热继电器损坏。

排除汽车电动后视镜工作不正常时，要根据具体故障进行分析，查找故障时按照从易到难的顺序进行，及时调整诊断的思路、总结诊断的经验、提高诊断的效率。

### 二、汽车电动后视镜系统工作不正常故障诊断流程图（图7-23）

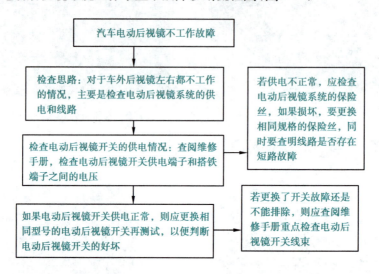

图 7-23　汽车电动后视镜系统工作不正常故障诊断流程图

## 【案例引入】

一辆丰田卡罗拉轿车的车主反映自己的汽车左边电动后视镜工作不正常，操作电动后视镜开关时可以上下调整镜片，但是不能左右调整。

#### 一、诊断的思路

既然车主右边电动后视镜可以正常操作，说明电动后视镜开关是正常的。初步判断故障点是左边电动后视镜水平调整电机有问题。

#### 二、部件测试

可以拆卸左边电动后视镜镜片，通电观察左边电动后视镜控制电机的运转情况，发现左边后视镜的两个电机有一个正常运转，有一个不工作；把故障电动机拆下后通电发现又能正常工作，说明故障是电动机发卡导致的。

故障小结:有时电动后视镜部分功能不正常,说明可能是控制电动机损坏或电动机在运转工作中发卡导致的。在诊断过程中要进行逐一排查,提高诊断的准确性。

【课堂作业】

1.一辆丰田卡罗拉轿车的车主反映自己的汽车右边电动后视镜不工作,左边电动后视镜工作正常,请分析并写出故障点的大致范围。

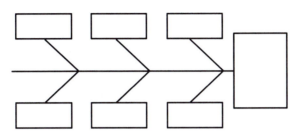

2.一辆丰田卡罗拉轿车的车主反映自己的汽车右边电动后视镜不工作,左边电动后视镜工作正常,请写出故障诊断流程图。

3.根据汽车电动后视镜不工作故障诊断流程图,对汽车电动后视镜系统实施诊断并填写过程记录单。

| 学生姓名 | | | 班级 | |
|---|---|---|---|---|
| 车辆信息 | 车辆型号 | | 里程表/km | |
| | 车辆识别代码(VIN) | | | |
| | 发动机型号 | | | |
| 项　目 | 作业记录内容 | | | 填写检测结果或者数据 |
| ①口述故障诊断流程 | | | | |
| ②前期准备 | | | | |

续表

| 项　目 | 作业记录内容 | 填写检测结果或者数据 |
|---|---|---|
| ③安全检查 | | |
| ④故障现象确认 | 确认故障症状并记录症状现象（根据不同故障范围，进行功能检测，并填写检测结果） | |
| ⑤确定故障范围 | | |
| ⑥基本检查 | | |
| ⑦部件测试 | 对被怀疑的部件进行部件测试，须注明元件名称/插接件代码、针脚编号和测量结果 | |
| ⑧电路测量 | 对被怀疑的线路进行测量，须注明插件代码和编号，控制单元针脚代号以及测量结果 | |
| ⑨故障部位确认和排除 | 根据上述的所有检测结果，确定故障内容并注明：<br>①确定的故障是：_____<br>②故障点的排除处理说明：_____ | |
| ⑩维修结果确认 | 维修后的功能确认并填写结果：<br>维修过程中曾拆卸过零部件（或线路）的安装状况和其他可能在的检修过程中受到影响系统的技术状况检查并记录 | |
| ⑪现场恢复 | | |

## / 活动五 /　考核评价

### 【考核要求】

- 汽车电动后视镜系统认知的考核；
- 汽车电动后视镜系统故障诊断能力的考核；
- 5S 管理意识的考核；
- 团队合作能力的考核；
- 口头表达能力的考核。

## 汽车电动后视镜系统应会考核内容和评分标准

| 学习任务名称 | | | 学生姓名和班级 | | | | |
|---|---|---|---|---|---|---|---|
| 评价项目 | 评价内容 | 分值 | 评分标准 | 得分 | 小计分数 | 扣分原因 | |
| 专业能力 | 汽车电动后视镜系统零部件位置查找 | 5 | 每漏一项扣1分 | | | | |
| | 汽车电动后视镜电路图识读 | 5 | 根据回答酌情扣分 | | | | |
| | 汽车电动后视镜系统保险丝、继电器的检查 | 5 | 不会检查不得分,检查方法不规范酌情扣分 | | | | |
| | 汽车电动后视镜总成线路的检查 | 10 | 检测思路不清晰、检测不规范酌情扣分 | | | | |
| | 汽车电动后视镜总成的更换 | 5 | 流程不正确每项扣1分 | | | | |
| | 汽车电动后视镜控制开关的更换 | 5 | 每漏一项扣1分;操作不规范每项扣1分 | | | | |
| | 更换车外后视镜镜片 | 10 | 操作不规范每项扣1分 | | | | |
| | 蓄电池的检查 | 5 | 操作不规范每项扣1分 | | | | |
| | 油、水、电安全检查 | 5 | 每漏一项扣1分 | | | | |
| | 维修前的工量具准备 | 5 | 每漏一项扣1分;操作不规范每项扣1分 | | | | |
| 通用能力 | 能读懂任务书,与客户或维修主管进行有效沟通,记录关键内容,整理客户需求 | 5 | 没有沟通扣2分;沟通不到位扣1分;无记录扣2分 | | | | |
| | 能查阅相关维修资料,获取汽车电动后视镜不工作的维修信息 | 5 | 没有查阅扣3分,查阅方法不对扣2分 | | | | |
| | 能从满足客户功能需求、使用价值和企业工作规范、安全性、环保性、成本效益等角度考虑 | 5 | 完全不符合每项扣1分 | | | | |
| | 能及时有效解决维修过程中的突发问题 | 5 | 完全没有解决扣3分;解决不及时扣2分;无突发问题不扣分 | | | | |
| | 能对已完成的工作进行记录存档、评价和反馈 | 5 | 无记录扣2分 | | | | |
| | 在维修过程中保持6S、三不落地,完工后对工位进行恢复整理 | 5 | 零件、工具、油水落地每项扣1分;6S整理每漏一项扣1分 | | | | |
| | 表述仪态自然、吐字清晰、思路清晰,且与实际相符 | 5 | 仪态不自然、吐字不清、思路不清晰每项扣1分;表述与实际不符扣1分 | | | | |
| | 分工明确,团队合作融洽 | 5 | 分工不明确扣2分;团队合作不融洽扣2分 | | | | |
| 总分 | | | | | | | |

# 参考文献

［1］杨旭. 汽车电气维修（上）［M］.北京：机械工业出版社，2013.

［2］窦光友.汽车电气设备［M］.上海：上海交通大学出版社，2009.

［3］舒平,姚国平.汽车电气设备与维修［M］.北京：北京理工大学出版社，2009.